2022年度青岛市社会科学规划项目——基于文化
教育机制构建研究（批准号：QDSKL2201305
山东省教育科学"十四五"规划 2021年度一般资助课题——应用型高仪厂教融口体
制机制创新研究（批准号：2021YBO43）成果。

经管文库

前沿·学术·经典

中国文化游习视域下的
应用型卓越人才培养实践研究

PRACTICAL STUDY ON CULTIVATING
OUTSTANDING APPLIED TALENTS IN THE
PERSPECTIVE OF SIGHTSEEING AND
APPLICATION FOR CHINESE CULTURE

于振邦　张子萌　张依萍 著

经济管理出版社
ECONOMY & MANAGEMENT PUBLISHING HOUSE

图书在版编目（CIP）数据

中国文化游习视域下的应用型卓越人才培养实践研究/于振邦，张子萌，张依萍著．
—北京：经济管理出版社，2023.9

ISBN 978-7-5096-9190-8

Ⅰ．①中…　Ⅱ．①于…②张…③张…　Ⅲ．①大学生—人才培养—研究　Ⅳ．①G640

中国国家版本馆 CIP 数据核字（2023）第 164994 号

组稿编辑：赵天宇
责任编辑：赵天宇
责任印制：许　艳
责任校对：蔡晓臻

出版发行：经济管理出版社
　　　　　（北京市海淀区北蜂窝 8 号中雅大厦 A 座 11 层　100038）
网　　址：www. E-mp. com. cn
电　　话：（010）51915602
印　　刷：唐山玺诚印务有限公司
经　　销：新华书店
开　　本：720mm×1000mm/16
印　　张：12.75
字　　数：199 千字
版　　次：2023 年 9 月第 1 版　　2023 年 9 月第 1 次印刷
书　　号：ISBN 978-7-5096-9190-8
定　　价：88.00 元

序　言

　　中国文化包含古今思想精髓，融通中外卓然义理，以生生不息的文化基因积淀着中华民族极具深沉内涵且凸显高贵品格的精神追求，是促进人们不断行知体悟、向学进知和革旧图新的内核滋养。由此，在中国文化内核润泽的特定思维模式下，人们基于这种绵延不绝的"根"与"魂"，不断地品鉴文化内涵、提升文化素养，不仅丰富了个人认知体验、群体远见卓识，也为实现中华民族振兴和在全球范围搭建更为广阔的文化交流平台，提供了素养支撑与实践动能。

　　应用型卓越人才的培养是一个需要文化素养支撑，且循序渐进的过程。随着"勇于将创意和梦想变为现实"的人的共性思维的登台亮相，创客思维模式也逐渐走进人们的视野。从古至今，这种思维模式虽在说法上有所差异，却能够通理达意，实践功效于今尤甚。特别是"双创时代"的到来，更加对素养教育、科技创新和平台实效提出了新的要求。文化内涵的滋养、引领和辐射作用不可小觑，更以其"融创""互生"的重塑之力和以古通今的渗透功效，为应用型卓越人才培养开辟出拓展航道。

　　文化游习作为一种实践行为，是认知主体在游学、游赏甚或游走、游玩过程中对于文化本质及其内涵系统的实践性研讨、场景式体验和创新性应用。它与"研学"的概念虽略有区别，却又殊途同归。"知行合一"是它催生出的实践理念和融合路径，也是不断提升文化素养、传播精神文明的有效举措。尤其在当下，文化游习凭借着创客思维模式的推延作用，越发显现出自身固化已知、体验新知和探求未知的接续性、链条式与生态型认知实效，也以"古今通义、中外通理"的共性特征，将好奇心、学习能力和创造性融会其中，彰显出自身集内涵蓄养、体验认知和情致抒发为一体的统合综效。从实践层面来讲，文化游习主要是游习者对于自身已知文化概念、内涵的深入解读和切身实践，同时也包括其对相关文化的悉心接纳、融会贯通与创新应用。它在场景体验、个人体悟和认知升华等层面会对游习者有所要求，促使他们不仅要"内修外练"、看重实践认知，更要提升包括问题反思、内涵挖掘和文化审美等核心要素在内的综合素养，而不是脱离实际"虚空对决"，更不是赤手空拳打"文字游戏"，单靠所谓的"苍白说教"和"虚浮文采"呈现。

不可否认，任你是博然经典、妙曲华章，还是民族风情、时尚美谈，中国文化游习都将其"圈圈点点"地涵盖在内。一首《登鹳雀楼》，不仅写尽了登高望远的阔达胸襟，展现了时人奋发向上的进取精神，更将"欲穷千里目，更上一层楼"的哲思义理发挥到了极致，成为光耀至今的千古绝唱；一篇《滕王阁序》，不光展现了滕王阁浑然天成的整体布局，更在"落霞与孤鹜齐飞，秋水共长天一色"流光溢彩的景致描绘中，丝丝入扣地呼引出"老当益壮，宁移白首之心？穷且益坚，不坠青云之志"的人生慨叹；一曲古典的《平湖秋月》，尽显清新明快和静谧幽深的温婉曲调，将迷人的秋月形态和湖光山色相映成趣，从多个侧面展现了西湖景色的静美特质；而莫扎特的晚年力作《魔笛》歌剧序曲，也同样能以泉水般涌动的光明心律和美好情致，将润朗而清新的生命力舒展无余……

尽管它们从表面来看都"各行其是"，似乎和英国作家狄更斯笔下的"世界第一大跨国瀑布"尼亚加拉大瀑布所表现的那种外物景象差别较大，但实际上，它们在"义理"通达方面可谓有着异曲同工之妙，虽说后者少了些许人世感叹，却也在另外一个角度捕获了"游习"深义。即便字里行间极度显现了雷霆万钧之势，最终也会让游习者或读者心境"平整如冰"，归于平淡，这就如同文中所言——"一瞬的感觉，而又是永久的感觉"。虽然后者展现出的是无比宁静和恬适的美，但在我看来，它们当中所体现出来的"游习品质"，都和品味一杯美酒佳茗、鉴赏一幅图文绘画一样，包孕着好奇心、探求心和情怀心，皆为"由景入心"的美意诚真生发和由表及里的内涵深蕴渗透。

比如，誉满全球的青岛国际啤酒节，以香飘四海的酒香和五彩绚烂的泡沫，吸引着各地的人们前去品味岛城特色并体味啤酒文化，不仅诠释了中国力量、通达了五洲梦想，也将岛城风韵和海洋文化传播开来。"啤酒女郎"绚丽的服饰、多样的衣着款式，都是在舒展"青岛与世界干杯"的博然情怀与"诚约四海宾朋"的永恒主题。同时，人们也会把青岛啤酒节与德国慕尼黑、美国丹佛和加拿大多伦多的啤酒文化等进行综合比对，使更多的人在领略其发展历程、创新潮流、世界品位和跨国风采中，通过国际化视野品味"酒文化"特有的魅力。因而，从这个角度来看，文化的"中西通理"特质，便很值得大家重视与研究，而对其的"游习"实践，则更加体现出"国际化思维"。

虽然"互联网+"思维以其碎片化信息的高效传播，使文化游习被赋予更多的"去中心化""高传播力""轻信度性"等特点，却在某种程度上让文化传承的媒介和渠道变得更受人关注，可以说是几乎充斥到社会各行各业和人们生活的每一处角落。于是，有人自然而然地会发问——在当今时代，创客思维模式下的文化游习究竟会不会受到诸多"不良俗物"的冲击？

这应该是一个很值得思考的问题。我认为，文化游习，尤其是中国文化游习，凭借的是通过多主题内容呈现的文化内涵和由此所产生的滋养力和渗透力。即便是那些借助信息化技术、大数据平台等高科技手段"完美呈现"的作品，也无法脱离极具文化内涵和中国特色的践行心得与认知体验。由此，讲求"理实一体"的应用型卓越人才培养便契合了中国文化游习的体验功效和融会特点，在创客思维模式的助推下，文化游习因为自身所具备的诸多优势能更好地发挥出实效。二者可谓一种彼此融合、相互作用的关系。

由此，本书便以这些看似矛盾的"细节"和其所连带的诸多"层面"为切入点，结合自身长时间以来的"文化游习"和认知所得，也将个人的亲历体验与切身体悟作了一些片段式的文字呈现，并借助一定的研究理论对其予以思辨性的诠释，以便为喜欢文化游习的爱好者提供借鉴，进而达到深入交流和获取新知的目的。

本书内容共分为五章。第一、第二、第三章主要围绕"中国文化游习视域下的应用型卓越人才体验式培养模式探索"展开，第四章主要涉及"中国文化游习视域下的应用型卓越人才融合式培养实践研究"，第五章则主要关乎"个体视域下的中国文化游习认知心得和应用型卓越人才培养"。本书之所以取名为《中国文化游习视域下的应用型卓越人才培养实践研究》，原因主要有三点：其一，中国文化游习的内核在创客思维模式的统领下越发迸射出耀眼的光芒，不仅能让游习者的内心得到浸润并生出无限暖意，又能在应用型卓越人才培养方面给予认知者不断前行的驱动力，恰如一泓清泉，不仅润眼、养心，更能在文化熏陶的世界中激活梦想。其二，"高山起于微尘，千里始于足下"，真正意义上的"文化游习"，源于无瑕的自然本真和独特的生命体验，游习主体如若用心、用力，能够脚踏实地做到厚积薄发，其诸多习得经久沉淀便可汇聚成美篇、传颂为美谈。尤其是在创客思维模式下形成的体悟心得，更为游习者铺展开不断攀缘前行的美好图景。若能够将游习融入应用型卓越人才培养模式的构建中，那么游习者的视野和眼界将会变得更为宏阔和高远。其三，我认为，创客思维模式要生发无限创新意识和极具创造价值的实践动能，引领文化游习者不断走上素养提升的宽广大道，不可"只做语言上的巨人"，而毫无实践中得来的真知灼见；也不能搞"孤岛式"设计、"傲娇型"冒进和"小众化"尝试，而是要通过真实场景的体验，辅以直观性、乐游性的方式呈现，以便更多的参与者产生共鸣且于心信服。不能不说，这对于应用型卓越人才培养而言，着实发挥了内涵支撑、链条接续和生态创建的"融合式"实践功效。

本书主要内容框架如图 1 所示。

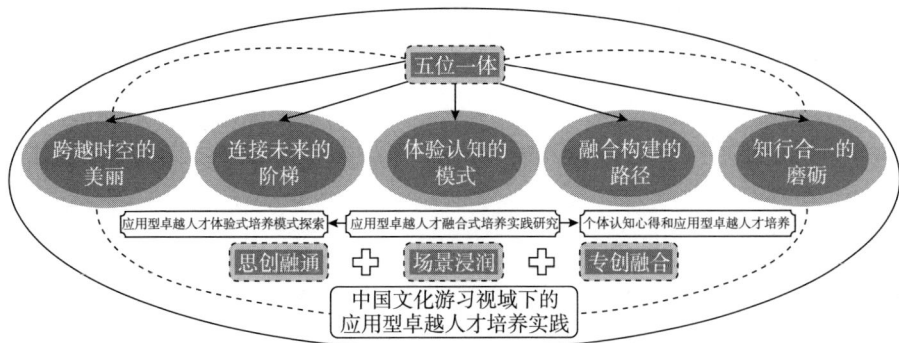

图 1　本书主要内容框架

　　毋庸讳言，祖国河山壮美无边，文化内涵博远厚重，游习之作尽管在竭力地言尽其能，却也难描其大、难表其深、难绘其韵。因此，我只能选择几个侧面，"以小见大"地诠释其于万一。本书以"中国文化游习"命名，初衷在于以实践体验写其真，以微言精要寓其远，以便为应用型卓越人才培养提供一孔之见。

　　本书在成稿过程中，得到了山东科技大学彭建武教授、青岛市作家协会和驻青高校等专家、领导的指导与帮助，以及其他各界从事文化研究的朋友和创新教育导师的鼓励与支持。张子萌、张依萍两位同学在日常学习之余，认真做好材料收集、数据分析和社会调研等多方面工作，给予了本书以翔实材料的支撑。在此，一并致以衷心的感谢和诚挚的敬意！也非常感谢出版社的朋友们为此书出版所付出的努力！

　　书中所见浅薄和偏漏之处在所难免，诚望各位师长和朋友不吝赐教，并予以批评指正。

于振邦

山东青岛

2022 年 3 月

目 录

第一章 跨越时空的美丽 ………………………………………………… 1

　第一节 中国文化游习的古今通义品鉴 ……………………………… 3

　第二节 中国文化游习的实践载体 …………………………………… 16

　第三节 中国文化游习的时代意蕴思辨 ……………………………… 23

第二章 连接未来的阶梯 ………………………………………………… 36

　第一节 升增自我研习智慧的推衍策略 ……………………………… 37

　第二节 开拓文化繁荣格局的国际思维 ……………………………… 44

　第三节 文化游习原创的通联实践价值 ……………………………… 49

第三章 体验认知的模式 ………………………………………………… 55

　第一节 应用型卓越人才概念界定与内涵解读 ……………………… 55

　第二节 应用型卓越人才培养模式的分类引介 ……………………… 57

　第三节 应用型卓越人才体验式培养模式实践 ……………………… 59

　第四节 应用型卓越人才体验式培养路径探究 ……………………… 63

　第五节 应用型卓越人才体验式培养典型案例 ……………………… 66

第四章　融合构建的路径 ·· 71

　　第一节　坚定文化自信，审视卓越人才培养实践 ·········· 71

　　第二节　应用型卓越人才融合式培养的基本特征 ·········· 73

　　第三节　应用型卓越人才融合式培养的主要体现 ·········· 75

　　第四节　应用型卓越人才融合式培养的核心目标 ·········· 77

　　第五节　应用型卓越人才融合式培养的实践路径 ·········· 78

　　第六节　应用型卓越人才融合式培养的创新之处 ·········· 80

　　第七节　应用型卓越人才融合式培养的实践成效 ·········· 82

第五章　知行合一的磨砺 ·· 86

　　第一节　在永远的江河中积淀文化素养 ····················· 87

　　第二节　在美丽的乡愁中寻求心智力量 ····················· 106

　　第三节　在行走的芳香中蓄存内涵滋养 ····················· 119

　　第四节　在探求的旅途中丰富认知体验 ····················· 142

　　第五节　余篇 ··· 184

参考文献 ··· 190

后　记 ··· 193

第一章　跨越时空的美丽

中华大地山河锦绣，不仅人文胜迹蓄存悠久，文化底蕴更是丰厚无边。不管是北京地理位置得天独厚的优越性，还是钱塘江潮令人思绪翻飞的大气磅礴之势；不管是南国红豆温润而出的思绪心念，还是北方瑞雪纷飞激扬起的浪漫情怀，都显现出极具自然美韵和人文风范的文化内涵。一方面我们应该对这些自然景观与历史遗迹怀有敬畏之心，另一方面也要尽力做到"天人协和归一体，穷极造化聚精神"。通过融会"天人合一"精神，激发向学之志，追求诗情雅趣。如若人人都能对它们加以"游习"，便是走进了一段段品味历史、博览俊秀、承继文明和铸就新潮的"芳香之旅"。

"游习"是一种深入实地、敢于创新的实践行为，离不开创客思维模式的助推。创客思维因具有鼓励创新、勇于创造和不畏艰难等坚毅果敢的显著特点与实践精神，成为个人成长、群体增效、国家进步和社会发展中不可或缺的心智模式与促进实践应用的航标指向。基于体验式认知能力提升和融合式理念熔炼的实际需要，这种思维便在释放自身实践动能方面提出了更高的要求，既更加注重广阔资源的搜罗利用和宝贵知识的应用，又极为讲求生活技能的适用和文化品质的受用。

具体而言，首先，创客思维要求具有对世间万物尤其是新生事物充满探求"未知"的好奇心，并需要有因对某一领域兴趣浓厚而深入挖掘的专注力。其次，创客思维坚持"问题导向"，信奉"实践出真知"的道理，不仅在执行上张弛有度，在行动上也果敢有为，并能够不畏艰难险阻，敢于抓住得之不易的有效时机，不断对未来世界进行挑战，以拾获精粹、升格自我且获得新知。最后，创客思维极具创新力和独立性，既不人云亦云，也不随波逐流，而是在不断地"纠错"中提升认知，在不断地"创行"中超越自我，也在反复地"验证"中推进实践，却又能够"抱团而行"和"合力增效"，使一切创意生发超强的"集群效应"。另外，它不囿于一切落入俗套的律令铁规，能够冲破所有的陈规陋习，无论对既定目标挑战成功与否，都敢于接受失败，不断反思并寻求良策，以弥补缺憾；也乐于突破自我"小众"思维，分享内心体验并形成新知良言。那么，久而久之，这种思维便会营造出一种虽"固化"却永不止步的实践模式，即创客思维模式。

抛开特定的称谓来讲，创客思维的义理通达之用古已有之，于今为甚。从古圣先贤的知识探究到开国元勋的光明求索，从字字珠玑的经典巨著到璀璨寰宇的至美华章，从"双效"平台的可视功效到数字化技术的场景应用，种种想象都将"不可能"变成了现实，一个个理念也从"不成熟"变得日渐沉稳……这一切，都是创客思维的"丰功伟绩"。就是在这种思维模式的指引下，一代代"向上的人们"踩着飞天逐日的"风火轮"，不断走出了昨日的蒙昧，成就了今天的风范，也势必会走向更加光辉灿烂的明天！

"文化游习"这一合成式的概念，是文化与创客思维模式有机融合且能够更好地发挥文化内涵的结晶体。为体现二者的联动关系、文化通义和融合效用，我又对其古今通义进行了解析和品鉴，对其所依附的实践载体进行了由表及里的窥探和理实一体的审视，并着笔于信息化时代和智慧型学习所彰显的心智伟力及深远影响，在文化意蕴、实效价值等方面做出了彰显个性化色彩的体悟和思辨，旨在驭情达理、贯通古今，以便为提升认知、得获新知和探索未知做好铺垫。

中国文化游习的特质如图1-1所示。

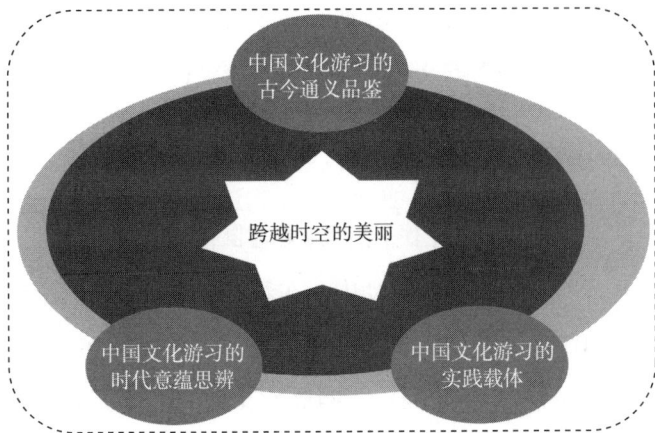

图 1-1　中国文化游习的"跨时空"特质

第一节　中国文化游习的古今通义品鉴

中国文化博大精深，源远流长，中华儿女在长期的历史积淀中形成了自己独特而又实用的思维方式。这些思维方式集辩证思维和经义研用于一体，强调"万物互联"和"知行合一"，不仅看重直觉体验，善于从整体把握全局和认知世界，又极力倡导经典恪守、内修顿悟和义理传承，蕴涵着思想张力和知性内涵，这就如同"'山水'之所以重现在我们的眼前，乃因其为中国文化精神的栖居之地"（渠敬东和孙向晨，2022）的道理。实际上，当代世界种种充满正能量的文化意象，也都可成为人们"培根铸魂"的实践抓手。只是，对它们进行的"游习"，给予人的极致体验和踏实感觉更多地凸显出实践应用价值。

由此，可以说中国文化游习好比一条绵延而行的溪流。它不仅蕴藏着文化认同、文化协同的概念和理念，也贯通着古今文化一脉相承的精神灵魂与中西结合的神采美韵，为深层次的文化交流和学术研究提供了范例。

一、文化内涵与协同理念

"文化是一种力量，可以让民众增强文化自信，积极参与到研究、学习、了解、保护、传承与发展文化的活动中，在新时代文化下将成为创新的原动力之一。"（朱雷，2022）而从深层次和总体层面来讲，我们又可以说"文化是一个民族的灵魂"（宋修见，2022）。明确文化概念内涵，是积淀人文底蕴和释放文化魅力的第一步。

（一）文化概念界定

文化作为一个略带抽象意义的集合概念，指的是一种学说体系，也是一种极具创造特点的心智模式。当然，文化本身也应该是具体的。确切地讲，它可以和各种细分的物象相互牵连，也能够与各个独立的概念相互融合。比如，山水文化以自然景观蕴含历史意蕴，也将赏览者的"内情"和实地场域的"外景"无缝连接，渲染出世间的荣耀光辉和生命的缤纷色彩；影视文化则通过电影、电视等方式和手段，呈现出深厚的文化底蕴和强大的创作功效，让观赏者追随着"剧中角色"在某种时代背景下的命运走势和世情常理的光明指引，找到搭配了个体色彩的"标准答案"；而酒文化、茶文化等，则凸显出地域文化和风土人情，将"人杰地灵"的内涵生发其中，也将"香飘万里"的生态理念与时尚品位发扬于外，满含着"难得糊涂"的人生哲理，并将其中的"美滋味"传递到四面八方……文化的表现形态可以是名胜古迹、景点奇观，也可以是民间杂耍、高雅艺术，但无论其以何种形态呈现，都可以通过"游习"渐进性地加以体验，并逐层深入地进行赏鉴和品味，这成为人们不断补充给养、拓展眼界和提升内涵的方式与途径。

概括来讲，文化具有完整性、包容性、象征性、共享性和能动性等诸多特点，极具群体力量铺展的综合效用，会影响到个体的思想、行为和价值观等。

即便是一个差异较大的独立个体，也不可能脱离文化整体的"群聚"效应，而是会反作用于"新文化"模式，久而久之便构建成循环往复的文化渗透体系。不过，文化本身和一切个性特质一样，也会因归类群体的"相异性"产生较大的不同。虽然它本身可能具备"先天之势"，有着自成风格的人文性、创造力和存在美，却也能够通过后天的"充电"与"补习"，使人向着更高的层级不断攀升。

当文化的整体心智模式影响到个体的思维模式和行为方式时，不可避免地会造成"一刀切"和"极端化"两种不太理想的局面。这个时候，创客式思维和批判性思维就显得尤为重要，能够起到一定的"协调"和"中和"作用。创客式思维认同"常规化"和"大众性"，但又不拘一格地推崇"八仙过海，各显神通"的个性化实效呈现，极具创新精神和探求勇气。只要能够"殊途同归"，一切好的思路和新的做法都是值得甄别选用和充分借鉴的。而批判性思维，则注重在尊重实际的前提下敢于质疑已知、借力外知和捕获新知。二者可以说是相辅相成的，一并成为文化体系自我健全和接续繁荣的"左膀右臂"。尤其是在大数据、人工智能时代，信息化手段、智能化技术在迅猛发展的同时，也会给人们的各方面生活带来一定的问题，更会对文化积淀的纯度和创新发展的实效产生一定影响。在助推经济发展和提升内涵品位等方面，人们是应该有所取舍或各有偏重，还是使二者"并驾齐驱"得以顺势而为，创客式思维和批判性思维着实发挥着极大的"融合"和"顺通"作用。

基于此，极具"融通"效用的文化认同和文化协同概念便越发凸显出来。虽然这些概念和上述两种思维一样，早已有之且一直潜移默化地发挥着作用，但在今天的"文化游习"中，更加显现出其实用功效。

（二）文化协同理念

1. 文化认同

文化认同多指偏向于群体的认知、感受，意为个体因受群体影响对于文化共性产生的内心感知和价值趋同。文化认同本身和政治认同有着不少相似之处，涉及对外来文化价值的认同，是相对独立的个体完成自我认同，实现自立、自信和系统化更新的强大作用力，进而成为个人、民族、国家等在较大范围内和较为激烈的竞争环境中赢得优势的砝码。

文化认同应体现个体特性和群体共性，需有效借鉴自古及今的优良传统，并能够随时跟进时代风尚与社会潮流，在尊重现实的基础上放眼全球与国际接轨，却又不可"泥古不化"和"唯外是从"。科学性接受和理性化批判，是文化认同的有效路径，而对浩如烟海的人类文明奉行"中庸之道"，不偏不倚地做到"一视同仁"，则是实现文化认同的基本要求和人文特质"完美回归"的有效做法。

2. 文化协同

文化协同是指独立个体的思维模式和文化倾向同向同行、通力齐发。它既尊重了文化差异的客观存在，又规避了文化冲突，也为深层次文化内涵的挖掘提供了创新思维，使探求者生发出聚合性的智慧。其间个体文化差异的融合和多元文化的融通，则成为资源高效利用和实现优势互补的得力之举。

要实现文化协同，不仅需要明确特定场景下不同文化背景的矛盾消解和各自优势发挥，还需要升级认知梯度，爱护"弱小"阶层并尊重"差异"现象；既要避免"偏向、强压"，又要端正自我心态和接续性付诸实践，以便"理实一体"地形成长效、互补之力。

要实现文化协同，还要做好技术手段的综合应用，发挥好交际平台的延展功效，以便生成超越单一化"小我之心"的混合力量，达到整体增效和多方共赢的目的。

总之，如果没有真正意义上的"文化认同"，便不可能实现得见实效的"文化协同"。二者贯通于"文化游习"的每一个具体环节，不分时间年代，也跨越了国界范围，"执拗"地发挥着各自独特且又彼此关照的作用。

二、文化游习的古今通义

（一）文化游习义理解析

1.“游习”古今之解

“游习”一词，古已有之。唐代元稹《论教本书》中就有“洎我太宗文皇帝之在藩邸，以至于为太子也，选知道德者十八人与之游习”之句，故此处“游习”可取“交往亲近”和“交游研习”之意；而在《新唐书·元稹传》里，则出现了“及为君也，血气既定，游习既成，虽有放心，不能夺已成之性”的表述，“游习”一词似乎又可理解为“由熏染养成的习性”。倘若再往前推，《论语》中的“学而时习之”，虽然没有出现“游习”之说，却也意指了“学用结合”，涵纳了温习、练习、实习、演习和见习等诸多意思，与“游习”多有接近。

在今天看来，其核心要义绝不再停留在只对自然景观或人文地理的赏玩、品鉴上，而是被赋予在实地游走和场景亲历中体验未知，在景象游览和美韵观赏中品鉴内涵，以及在知识游学和方法探讨中研磨习用等诸多新意。正如前文所讲，它不仅包括对文化体系当中有关自然风物、人文景观的品赏和研学，也包含在有形的实践行为之外对那些只可意会不可言传的文脉哲思之传承和生态型体系架构等的心领神会。

由此而论，“游习”一词撇开了古往今来的差异化认知，既是概念上的统领思想，也是实践中的行为指向。它不仅可以是对自然山川壮美之物的热情歌颂，也可以是畅游在知识海洋之中的真知体验。当然，也包括个人因处于不同环境中内心生发的复杂心绪、展现的昂扬斗志和未然的创新想法，或者是那些极富抽象意味却也可以进行具体化解读的实践认知体系架构。

2.“游习”形壳之谈

形壳，乃是外在的“形”与坚硬的“壳”二者之合意。在这里，兼有表现形式和依存载体的双重意义。在总体上，形壳是相对于内核、内存而言的，多指"显露于外"的表象。鉴于"游习"并非千篇一律的体验和不起波澜的收获，而是有它自身独特的认知价值和实践意义。我认为，"游习"的形壳应根据"游习"本身所涉及的具体内容来确定，绝对不是一成不变的。"文化游习"因文化本身的固有特质和内涵深义，其形壳也更加具有独特性和多样性。其独特性在于个体对于文化游习的体验认知是独一无二的，而多样性则体现在文化游习体悟的输出形式不一而足。若只是通过笔谈的方式或途径，那游习在包括散文、游记、诗词等形式在内的各种"文体"或其他类别的艺术形式里，可能都会有所呈现。

就文体而言，在此不得不提一下散文这一文学体裁。具备"形散神不散"特质的散文，不仅包含着写作者的亲历体验和真实感受，也蕴含着个体独到的思考、隽永的哲思和在异彩纷呈的形壳中深寓的审美品位。不管是叙事、写景，还是抒情、思辨，散文都以其凝练、优雅的语言，质朴、纯真的情感和深远、绝妙的意境，释放着能量、打动着人心，从而在多种艺术手法的综合呈现中，或以平易朴素的风格和励志深透的能量灼人，或以清丽和隽永涤荡读者的心神，不仅尽情铺展出相关主题的内涵深义，也势不可当地放飞了自我情致，既净化了亲历者的心灵，又能让读到它的人产生共鸣，而不断地陶冶情操、舒放情怀。

游记散文作为一种较为独特的文学体裁，脱胎于亲历者深入实践的游习和置身真实场景的体验，它们能够使亲历者形成一定的自我认知。其间，不仅含有游习者自身游览行踪的记忆，也附带了更多的说理、议论和抒情色彩。其特质主要体现在所记内容的亲历体验性和源于自然本真的景物描画与情感抒发上。总体而言，游记散文一般具有写景逼真、描画形象的特点，令人有身临其境之感，且又寓情于景，能够让阅读者深切体会到亲历者磅礴而出的笔触和汪洋恣肆的情感。游记散文又往往会托物言志，以凝重、精妙和高远的立意，寄寓作者的胸襟抱负与家国情怀，让人们在含蓄隽永中不断地体味其"生花妙笔"下所呈现出来的思想碰撞与内心感触。

3.　"游习"灵变之用

"游习"一词，在此基本上取"游赏、交流、研习"之意，以彰显其"知行合一"和"学以致用"的核心要旨。大概谁都不能否认"游习"之用，不可避开实地场景里的真挚体验和自我认知进程中的体悟心得。于此而言，我只想将视角更多地锁定在中国境内，通过在游走中体验、在游览中品鉴和在游学中习用中国文化，达到不断深化认知、着力陶冶情操和有效提升内涵的目的。所以，我融进了自己在异地时空中的山水游习感悟心得，并对其做了大量文字记录，不仅没有脱离"游记"外在的"形壳"，反而还在一定程度上有着"浓墨重彩"的呈现，旨在放大"文化认同"的实践效用和凸显"文化协同"的辐射影响，为更好地升华游习者的自我认知品味服务。

4.　"游习"义理之论

就其"义理"而言，它在这里不单指践行伦理道德的行事准则、探究包括儒家经义在内的致用之学，也含有言辞、文意、观点和理念等相互融通的"泛在化"称谓。由此，文化游习的义理偏重于对文化本体"交游研习"全过程的言辞表达、观点述说和文意贯通，或者是理念上的"融会"与"离合"，其根本之处在于要以通达之义理实现实践中的"学以致用"。

5.　"游习"体悟之境

作为一种现场感较强的实践行为，"游习"本身不能靠"道听途说"得来，也不可以用"冷眼旁观"获取，更不允许凭"熟视无睹"提升，而是要做到"立体化的行走"和"思辨性的狂舞"。没有由"心动"到"行动"再到"心动"的辗转过程，没有从"内涵"到"外延"再到"内涵"的循环往复，没有经过从"和风细雨"到"翻江倒海"再到"归于平静"的思想砥砺，根本达不到游习终极追求的"体悟"之境。由此，一切平面化的平铺直叙理应在游习中被舍弃，一切虚情假意的"无病呻吟"也应该在游习中销声匿迹。其实，游习的"体悟之境"，就在于它的真实体验和个性化认知，而在此之间，需要架起的是一道用心思考的桥梁。

（二）文化游习古今通义

文化游习，顾名思义，是对于文化本身的"游习"，其表意层面无外乎"在对文化的游赏、研学中，通过交流、沟通和习用而获得新知、提升素养"之意，但在深度上延及内涵生发、审美情趣和认知体验等，并不拘泥于单一的表现形式，只要是"情思在游走，本真在释放"的涉及心灵认知和内心感悟的所有实践行为，都可以被当成"游习"。从这一点来看，文化"游习"之说，包含的范围较广，牵涉的内容也颇多，在理解上需要灵活变通。

因而，确切地讲，文化游习应是基于某一文化意象的"点"，以"追根溯源"的探求之心，达成共鸣效应的"面"，并有意识地在生活实践中进行"立体化"的剖析，最终提高自我原有认知水平并获得长效进展的文化认知行为。那么，中国文化游习就不只是加上了"中国"两个字那么简单，当然也不能唯"游记"为单一的呈现形式。

不过，若只是涉及中国文化游习的"笔谈"之论，则重在以多主题游记散文、诗词歌赋文句呈现出的主要文字形式，来对中国文化的特殊性和内涵美进行剖析，并对其知行习用的可贵之处加以借鉴应用。众所周知，中国传统文化以"农耕文化"为根基，其间蕴涵着人们对自然的敬畏之心和敬老孝亲、崇古守正的质朴理念，以及"安贫乐道"的志趣等，也包含了山水景观、园林建筑、生肖图腾、节庆美食等诸多文化内容。社会发展到今天，中国文化已是集现代化和传统性为一体的"大熔炉"，无所不包，也一直在吸纳古今中外文明之精华。由此，不管以何种形壳外在呈现，文化游习都是"古今通义、中西通理"的实践"综合体"。但它务必得尊崇于特定的文化背景和社会现实，"中国文化游习"自然不可避免地要结合中国的一切来深入研究。

比如，古人"秉烛夜游"，意为夜晚携伴手执蜡烛缓步行走，进行参观、游览和赏玩的活动，含有"人生苦短，应及时行乐"的意思。关于这一点，可在《古诗十九首》中"昼短苦夜长，何不秉烛游"的诗句中得到验证。但我认为，"秉烛夜游"或多或少地具有"游习"之意。唐代诗人李白就曾在

《春夜宴桃李园序》中写道："夫天地者，万物之逆旅也；光阴者，百代之过客也。而浮生若梦，为欢几何？古人秉烛夜游，良有以也。"在这里，李白通过叙述与友人春深夜聚、品酒作诗的场景，抒发了自己融身自然、热爱生活的愉悦心情，实现了在畅游、赏玩中阐释生命真义，在诙谐、庄重中寻找自信。即便其中也流露了一些"浮生若梦，为欢几何"的感伤，但基调还是乐观向上的。可以说，诗人在此序中不仅描绘了夜饮赋诗的生动景象，也表达了自己的心绪感怀，抒发了内心情感，这正是"文化游习"之作内涵深意的佳美体现。在今天，若我们再提"秉烛夜游"的成语使用，就不应该只局限在它"人生苦短，及时行乐"的狭隘意义和消极层面上，还应注意到时空的变换和场景的转换，以作灵便之用。这也从另外一个角度说明了人们对于"文化游习"的理解，不应囿于"古义"，而是要考虑其相对概念上的"古今通义"而作今时之变。

这里的文化游习，它应是在中国特定的历史天空中"富有诗意地栖居"，它应是一个个"有趣的灵魂"在生命律动中的"闪亮登场"，它也应是在璀璨的星空下人们心灵家园里开出的"艺苑奇葩"，不仅要向人们展示自然景物、描绘至善境界、诠解生命哲思，也要融会创新思维、刻印创造品质并展现多彩生活。

1. 文化游习古之剪影

就此，我主要以中国古代的游记散文为例加以说明。前文已有所表述，创客思维模式因其具备的对未知世界的好奇心、探索精神、勇敢心力和创造眼界等，而成为文化游习者"独步天下"的"法宝、重器"。其实，古代的游习散文大家在自己的山水游记中，早就对创客思维模式的核心要义有所认知和践行，从而对文化游习的意义做了极其直观也较为有效的注解，以下略举几例：

唐代柳河东的《小石潭记》，虽在"构思新巧，结构严谨"的布局中，极见作者"幽深冷寂，孤凄悲凉"的文笔，却也成功呈现了其"以乐景写哀情"

的新意。这篇游记文字优美，声形兼备，令人颇有身临其境之感，却也反衬着作者本人在政治上的失意和内心无法排遣的苦闷思绪。那"潭西南而望，斗折蛇行，明灭可见。其岸势犬牙差互，不可知其源"的文句，真实体现出文章实属虽"写景写心"却对妙境"留白"的疗愈佳作。至少，给读者以清幽意境之感，就如同行走在充满了诗情画意的实地场景中，也实实在在地"寄情于山水"。这种文化游习，不得不说是一种创客思维模式下的创造，不仅写尽了隽永文思、抒发了内心胸臆，也折射了时局背景、寄托了个人理想。

立下"矫世变俗"之志的王安石，曾写出了极显其"文道合一"主张的《游褒禅山记》。我至今还记得在上小学时曾背诵过他的精彩论断："于是余有叹焉。古人之观于天地、山川、草木、虫鱼、鸟兽，往往有得，以其求思之深而无不在也。夫夷以近，则游者众；险以远，则至者少。而世之奇伟、瑰怪、非常之观，常在于险远，而人之所罕至焉，故非有志者不能至也。"这不正是"创客思维模式"的典型特征吗？世间奇伟胜景，实非起于平地晴川，而常在于险峻旷远之处，却至达者少，然近处无奇平常之地，则聚拢者甚众。此种水到渠成之见识和继往开来的创造心智，真乃世间之大智慧！实为看轻实地探求精神、无视文化游习功效的人们所难得。

再者，苏东坡的《石钟山记》也有异曲同工之妙。苏轼此文意在叙述作者本人对石钟山得名由来的探究，以诠释认知事物真相须"目见耳闻"而不可"主观臆断"的道理。他本人因"人常疑之"而"余尤疑之"，在"叹""笑""简""陋"的论断中探明了真相并洋洋自得，不仅在多个对比中肯定了自己的探求成果，也有理有据地对前人所述加以证实、补充或是纠正。总之，东坡先生此篇叙议结合，以实地探求的精神作出了超越常人的公正论断，实在是难能可贵！此例，可谓创客思维模式下中国文化游习的最佳典范。

而欧阳修的《醉翁亭记》，则写在其因上书替同僚分辩而被贬至滁州做官期间，虽属抑郁所成之作，却极显其含蓄文风和"宽简不扰"作风。此文以滁州一带幽深秀美之景，表现了时之百姓宁静安乐的生活状态，抒发了"与民同乐"的和美意趣。一句"醉翁之意不在酒，在乎山水之间也"，道尽了作者本人以"乐"寄情山水、用心"醉"对逆境，并以"游"排遣苦闷的释怀妙解，让读者跟着他不仅醉倒在山水美景之中，也陶醉在与民同乐之中。此文乃高妙之作，舒放自然又颇见功力，也当属文化游习之佳作。

还有北宋范仲淹的《岳阳楼记》，其文也不是单纯的写景抒怀，实则"借文规劝"之上品！当日，其友滕子京险遭诬陷而被贬巴陵郡，时已贬至邓州又身染微恙的范仲淹，遂欲以自己"先天下之忧而忧，后天下之乐而乐"的济世弘道情怀和超越"同病相怜"的乐观精神感染于他，既携带了"不以物喜、不以己悲"的思想境界，又彰显出文风理韵的大气魄和妙笔意趣的至高境界。在文化游习的力作之中，此篇意趣恣肆，以情驭理，算是精品。

至于袁宏道的《满井游记》，就是另外一番景象了！此篇文字清新，将明清两朝北京近郊的"满井"风景区记游描绘得绘声绘色，又不失寓理抒情之妙。文中景物描写如画，那诸如"山峦为晴雪所洗，娟然如拭，鲜妍明媚，如倩女之靧面而髻鬟之始掠也"的文句，将早春气息透露无遗，写尽了春回大地的喜悦之情、达观进取的人生态度以及向往自由奔放的生活理想。

2. 文化游习今之品鉴

单以游记而论，中国近现代在文化游习方面的大家灿若繁星。在此也试举几例：

朱自清先生的两篇游记散文《旅欧杂记》和《威尼斯》，可谓文笔从容淡定，意旨精臻至善。作者将自己游览的欧洲国家的名胜古迹——铺展开来，无论是自然风貌，还是人文艺术，都力主在娓娓道来中客观真实地加以呈现，既不失精当提炼，又极富表现力和亲切感。尤其是朴实、清新的《威尼斯》，让读者在细腻淡雅的文笔格调、朴素无华的现代口语和简洁自然的新意迭出中，感知到作者内心汩汩而出的洗练言辞和超强节奏感。其游习可以概括为"贵真"和"够味"。

余秋雨先生的游习集学术深研、亲历体悟、实证查验和高效传播为一体，对学思、理韵和品质做了"深层融合"。其游记文字可谓大气磅礴、意境斐然，卓显出自身的隽永文思和思辨才情。在他经久不息的文化叩问和历史溯源当中，总少不了那些灵动笔触描绘下的文化主线和饱含善美良知内涵的厚重积淀。可以说，余秋雨先生的散文最为注重极具个性的研习体验和文化思悟，总会在描述中暗寓理性辨析，在历史回眸中深重地诠解哲思妙义。一部《文化苦旅》，印证了他伫立都江堰前的神情仪态和思虑白发苏州的复杂心态，既有剧场效果，也充满了阅读张力，让读者深深地体味到他用心铸建的"时代风骨"和"有我之境"；一部《山居笔记》，更让诗性语言消释在文化感叹的铺陈当中，沉积了源于文化长河的创新元素和凸显个性解放的自由精神，不仅脱俗，还彰显了贴合人心的真情实意；而一部《千年一叹》，则以沉重的笔触，寻访了文明古迹，在每一位读者心中树起了哲思丰碑……

以"游于艺"著称且用自身的聪慧和睿智开出了"奇葩"的文化游习作家三毛，其作品真可谓充满了生活气息，处处洋溢着率真个性。她在平淡真淳的洒脱中书写了快意人生，并以独具特色的细腻文笔展现了行走中的"妙趣横生"和简朴之美。在《撒哈拉的故事》里，有她独家的记忆；在《哭泣的骆驼》中，留下了她史诗般的磅礴气势和悲喜交加的人事情趣；而在《梦里花落知多少》里，则有她细水长流的生活真义诠解和对美好与爱的执着追求。三毛的游习文字集自由光辉和浪漫情致于一体，时而静美如幻，时而飞沙走石，时而冰冷长河，时而浓情热烈……爱情的奇妙、精神的富足，都在她"特立独行"的青春故事中得到展现。是她，曾不止一次用豁达的情怀激扬起文化真彩；也是她，用舒放的心智拉伸着生命。可以说，三毛的文笔中积淀着对自然万物的灵性思考，也无限地引发了人们对于人世、生命的追问和沉思。

还有作家毕淑敏，其文化游习作品写得沉稳、安宁而又充满了理性，一展平实文风和济世情怀。作为"心灵的白衣天使"，她的行踪遍布中外名山大川，即便当年在造访时已过耳顺，归来却依然是"少年"。她不仅用一颗驿动而又敏感的心，与世界倾心而谈；也用一种"柔软的美"，与一个个鲜活的灵魂定下了誓言。其在环球游习足迹所到之处，留下了《非洲三万里》《美洲小宇宙》《破冰北极点》《南极之南》等用细腻和温柔着笔、穿越了孤独和痛楚、展现出生命美意纯真的暖心力作。在她看来，文化游习是意志的行走，是心灵的释放，是温暖的邂逅，当然也是涉险的激战和幸福的分享。她一直在用一颗感知世界的心灵告诫着人们，一定要在铭记珍惜生命的质朴真义中对世界温柔以待，也通过诠释"读万卷书、行万里路"的明道至理，叙写了如何在行走中遇见"未知的自己"，并谱写出更为壮美的人生华章。

曾获《中国新闻周刊》"2019 年度文化传播人物奖"和《中国妇女报》"2019 十大女性人物"的"90 后"女生李子柒，于 2020 年 5 月 19 日受聘为首批中国农民丰收节推广大使。其发布的美食文化视频，不仅以匠人精神"讲好了中国文化"，用"有趣的灵魂"推广了非物质文化遗产，也用她"纯朴的烟火气"和"诗意的田园风"，让世界各地的人们寻觅到了心灵的栖息地，在一日三餐的平实归属与四季流转的美韵叠换中，目睹了自然的无限生机，品味了文化美学的深意，将中国文化故事通过无声的语言和灵动的画面传播到国际舞台。

另据媒体报道，北京电视台推出的首档长城文化体验类节目《了不起的长城》，就由"长城研学团"以"真人秀"的形式携众游览历史古迹，品味美食歌韵，共同体验长城文化。以上种种，究其所为，无一不是在以创新思维和个性化方式"游习"并传播着中国文化。

文化游习的"古今通义"由此可见一斑，倘若辅以中外融通的道理（即"中外通理"），其意旨涵盖则会更为全面和严密，当然也更能显现出开放式的思维和国际化的格局。在此，只是想"以小见大"地表达自我之见，一个个"文化游习"的真知灼见，犹如游走在古镇村落里的史沉痕迹，贯古通今，也好似飞扬在旧城新貌中的冬景春色，亮眼惊魂。正是它们，用"活起来"的内涵真义和"动起来"的创意生发一点点地垒摞起贯古通今的"哲思长城",永不停息,渐渐构筑成了"游习文化"庞大、灵秀且又厚重的生态系统,并一步步得以丰富和健全而愈发地"火起来"。其广博深意还有待进一步挖掘,在此先不赘述。

第二节 中国文化游习的实践载体

载体是情感、理念和思想依附的主体、路径和通道,是具体行为得见实效的抓手、依靠和凭仗。中国文化游习的知行载体具有典型的中国特色,更被创客思维模式涂上了人文内涵和实践创新的色彩。倘若往大处讲,"一些特殊的景观或环境,会唤醒人性中的真、善、美,升华为对自然、对人类、对民族、对国家的感情、信念、信仰"(葛剑雄,2020),其意义就显得更为非凡了。

一、创客思维模式下的文化游习

创客思维模式属于多维度、混合型思维模式,较为注重信息资源的高效整合与实践规律的常规化遵循,却又不墨守成规,一成不变。它不仅讲究逻辑思考和情理推衍,也不排斥感性认知与协同发展,既摒弃独断专行的霸道做法,也接受在实践中探求新知并做体验分享等行为。

而文化游习从实践角度来看,恰与创客思维模式的核心要义及执行理念不谋而合,极有义理通妙之处。虽然古代社会的文化游习在时间概念上无法与之相匹敌,但在生活交融和实效呈现方面早已实现了非同一般的契合。由此,从这种意义上来看,创客思维模式下的文化游习,便有了它相对意义的"时代性"。当然在今天,我们也应赋予它一定程度的"仪式感",以新的思维模式体现出时代内涵。

（一）创客思维模式对文化游习的影响

1. 基于已知探索未知

创客思维模式植根于已有可利用资源和知识的接续性积淀，得力于深厚思想内涵的导引与较"接地气"的亲历实践，却又从不故步自封，极具探求精神品质。这无疑会影响文化游习的整体格局和践行思路，使其不断走向"阶梯式"升进和"高层级"跨越之路。

2. 描绘善美刻画诚真

创客思维模式不规避真实场景的质朴纯真，不无视善美元素的合力增效，善于运用一双"发现美的眼睛"吸纳生活智慧，又极力将尚美德行映照于日常点滴，以形成促发美好延续的生态链条，从而让文化游习在整体上被赋予了"最真的梦"。

3. 承载现实升华认知

创客思维模式源自社会日常的客观实际并力求超越平实心态，坚持与时俱进且能务实、高效。在此基础之上，它又通过凝心聚力渡过险难，寻求解决问题的最佳途径，进而不断发挥超越自我、升华认知的实践功效。

4. 超越物象注重体悟

创客思维模式善于总结规律和把握趋势，无论是从典型案例到共性说教，还是从普通事物到具体表象，都能有针对性地对其做出"个性化"的思考，通过亲历式体验和思辨式反馈，渐进性地丰富已知、强化认同，不仅摒弃了陋俗，也更加完善了实践体系。即便是区域性的文化游习，也一样能够"提升区域认知能力，加强乡土乡情教育，增强地方认同感"（张敏和马远军，2022）。

（二）中国文化游习中的创客思维模式

通过通览文件、资料，经过研究发现，中国文化游习秉承了"创新、协调、绿色、开放、共享"的发展理念，为落实"立德树人"根本任务提供了新的路径。它基于教育部有关中小学生"研学旅行"的指导意见，在高等教育层面进行了尊重个性化差异和注重科学化考评的实践探索，有助于学生全身心地了解国情、热爱祖国、开阔眼界和增长知识，并以此为出发点，着力增强其社会责任感、创新精神和实践能力。以上说明，中国文化游习传播的是"读万卷书，行万里路"的道理，注重的是培育学生亲身融入、广泛参与研学实践的探求精神和专注品质，包含着创客思维模式。

其主要内容如图1-2所示。

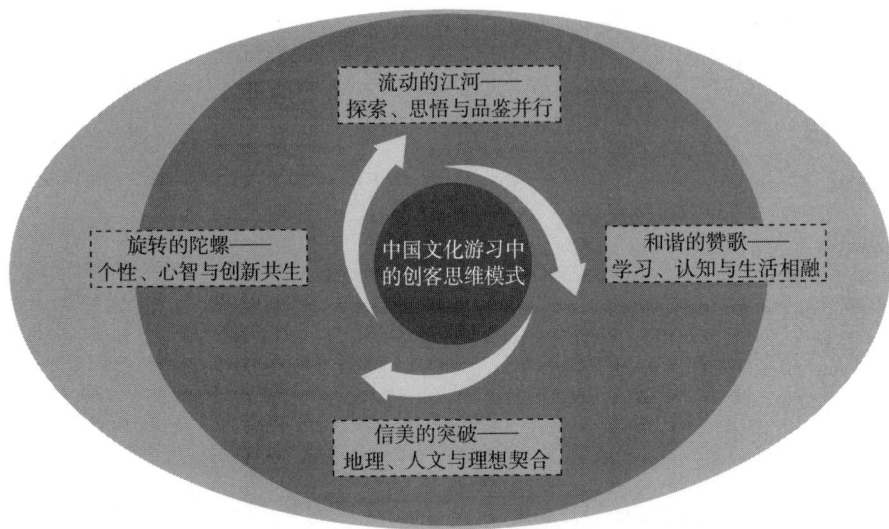

图 1-2 中国文化游习中的创客思维模式

1. 流动的江河——探索、思悟与品鉴并行

这一点是说文化游习恰似奔流不息的文化长河中一朵朵美丽的浪花，将文化探求精神、个体学思践悟与内涵审美品鉴融为一体，体现了创客思维模式中的接续性和一体化特征。

2. 和谐的赞歌——学习、认知与生活相融

这里重在诠释文化游习里口碑极佳的"知行合一"理念，意指创客思维模式倡导自由奔放，将或悦读、乐知，或苦闷、纠结的生命状态和专注、旷达、纯然的情怀抒发融入生活细节，以其正向力量体现融合性、和谐性等

特征。

3. 信美的突破——地理、人文与理想契合

世间美景皆可存于内心，通过对湖海山川的描绘与文风理韵的梳理，不断使自然之美、生活之美和心意之美相互交融，展现了自然神工和人之伟力，彰显了创客思维模式的信实性和通达性特征。

4. 旋转的陀螺——个性、心智与创新共生

文化游习如同一个不停旋转着的陀螺，在文化认知的生态系统中发挥着有效作用。这一点说明了其在发挥个性塑造、心智磨砺和创新应用方面"永远停不下来"，也避离了"灰飞烟灭"的时间节点，体现出创客思维模式的生态性和创新性特征。

（三）创客思维品质与中华文化的内涵

创客思维模式本身具有诸多亮眼的、闪光的"思维品质"，如借助异彩纷呈的意象、积聚指导实践的信仰、沉淀璀璨文化的精髓和生发"逐浪卷云"的活力等。现结合自身多年来对文化游习的体会，简要谈一谈它与中华文化内涵积淀的内在逻辑关系和整体生态联系。

1. "最中国化"的纯美意象

厚重、深邃与广博的中华文明，灿若星河，魅力无边，散发着智慧的"铮亮光芒"。山河湖海、花鸟虫鱼等自然景观、世间万物、人工建筑、器皿图腾以及祥和色彩，存现于广袤无垠的神州大地，构成了纯美无比的文化意象。这些意象很纯美，也"最中国"，为以创客思维模式"创造性"地描绘物体生灵的情致、不断雕琢君子健全完美的人格和竭力显现中华文化的强大生命力，铺筑了视野广阔的天地和可供选择的空间。

2. "最见初心"的沉静信仰

文化信仰是深度打量自我与彻底认知世界的最为扎实和持久的推动力，在创客思维模式下，更成为延续文化根脉的"厚实脊梁"。创客思维中深藏着对于显露诚真、承继善良等美好品德的无限信仰与创造和乐世界、不断自强向上

的"初心",创客思维模式更赋予了它在"追求中聚能增效、在创新中推波助澜"的强大力量,虽"纯然静美"却又"动感十足",恰如一道道"永不消逝的电波",助力着一个个敢闯敢创的游习者伸出勇敢之手摘取近在咫尺的星辰,也用实际行动描画和接续着中华民族文化信仰的生态脉络。

3. "最有文化"的涵养游习

文化涵养是实践者自身综合素质"内外一体"的呈现,是摒弃那些久寓心底的"媚俗"和不断激活"源头净水"的"内生动力"。创客思维模式注重将文化涵养与体验认知融为一体,从不规避以内涵提升为终极目标的接续式文化游习,不仅注重发挥素养教育的"单体微光",也更加推崇深入生活实践、强化游习实效,通过发挥集群效应,将提升文化内涵的革命进行到底。

4. "最具活力"的勃发力量

底蕴深厚的文化,在任何时代都能以多种形式焕发出自身无与伦比的青春光彩,也在一次次跨界融合与迭代创新的实践过程中,被煨制成浸润人类灵魂的玉液琼浆,给予生命无限美好,让世间每一处角落都散发着经久不息的文明芳香。创客思维模式是"最有活力"的鲜活因子,即便是在特殊环境下的"死水微澜"中,也能勃发于无形,汇聚成生命中一道道亮丽的风景线。

二、中国文化游习实践载体引介

(一)中国文化游习实践载体特点诠释

中国文化游习,主要以自然世界的"物象"、人文世界的"美意"和自我认知的"本真"为情感抒发的活水源泉,并以此谋篇,成诗成句,进而为人们抒发情感、寄托心灵甚或开辟未来提供了绝佳载体。

在此,我对其主要特点作出了如下总结:

围绕游踪行迹展开叙述,多视角推进描景状物;根据亲历体验抒发内心情感,高维度通联审美意趣;述记篇章文笔曼妙多姿,广渠道展现宏阔境界;场景对话描摹虚实结合,大布局呈现精妙构思;看重义理探究旁征博引,强效力进行说理论道。

文化游习的载体既是游习实践者自身文思韵理依托的媒介和航道，又是其情感意趣生发的容器和场域。好的载体总能给人以通透领悟、豁然开朗之感，就如同舟行水上，游览者既可以看遍万水千山，又能够将胸中"丘壑"尽情展现，细细品鉴雅静格调和内心的丰富情致。山水游记，或是其他文本资料和相关数据，其表现形式虽有不同，但就其在字里行间所呈现的意旨而言，无论它们熔炼得有多么含蓄，都是可以通过不断地考量、体验和思悟来加深认知的，这是一个渐进入深且内外合一的过程。

在这里，不能不谈文化景区介绍的"外语媒介"呈现问题。我认为，对于文化景区中那些推介性质较强的景点文本材料的翻译，要着力体现时代特色和文化背景，不能因为文化载体的不同而使文化介绍和交际环境变得生硬、僵化，甚或陌生起来，而是应该尽力通过适当和恰切的词汇、句段或者语篇等，承载颇具内涵的文化因素，以便澄清那些容易被人误解的概念、特殊称谓以及相关术语等，不仅要做到"言之有物"，更要力求"言之有理""言之有道""言之有趣""言之有文"，从而能真真正正地跨越地域的鸿沟，"理想化"地实现相异文化之间的交融和相通。

（二）文化游习实践载体的创新性凭借

"文化具有整体性、渗透性等特点，不可能孤立存在，需要载体。"（刘献君和赵彩霞，2022）创新思维模式也恰恰如此，虽然能够超越现实条件的某些束缚而作出近似天马行空的畅想，却也具有一定的时代依附性，特别是在当代社会，更加凸显出其借靠信息化平台的认知理念和实践特征。

"我想去桂林呀，我想去桂林，可是有时间的时候我却没有钱；我想去桂林呀，我想去桂林，可是有了钱的时候我却没时间……"这一首在20世纪90年代中期火遍大江南北的歌曲《我想去桂林》，曾以其颇具形象且又朗朗上口的歌词和旋律，侧面引发了众多"心有余而力不足"的人们内心的共鸣，因为在那个年代人们的出行不像今天这么方便，网络化资源和智能技术手段也根本无法和今天相比，或多或少地影响到了人们的"文化游习"。

但我们也必须认识到，这种影响只是表面化的，不能因此就说没有这些高科技手段就一定会阻碍"文化游习"的进行，毕竟技术的先进性只是起到了助推作用。犹如我们走进茶馆品茶、进入剧场听戏和坐在足球场看球，最真实的体验是需要"场景化"来"推波助澜"的，而不是单凭声、光、电、影等特效的所谓"现场直播"和"真人版演绎"就能实现。因为"虚拟的"永远都不会起到和亲历体验式认知一样的效果。当深夜的新潮酒馆对你"打了烊"，当高清的影视大片对你"散了场"，聪慧的人们或许才会想起对数字媒体技术手段的运用和可视化平台的跟进，以尽力弥补"真实感"的缺失，而力求"功德圆满"。

无论怎样，如果不必定格于某个特定时代或历史时期的客观实际，文化游习应属于一如既往地置身于自然环境、社会群体和特定场景下的真实体验行为。其实践载体只会随着技术手段的不断进步，而呈现出更为突出的审美跨越性和创新实效性。尤其在当今社会，借助于大数据理念、VR 技术、人工智能平台等，人们的文化游习视角不仅变得更为开阔，对于文化游习的选择空间也日益广泛起来。比如，借助于短视频平台，我们可以足不出户地领略湖海山川在不同时令中的景色之美，能够观赏到文房四宝源远流长的接续历史和即时联播；借助于手机 App 软件和 3D 打印技术，我们可以随时随地温习在琴棋书画无边的韵味里所积存的场景记忆和那些活灵活现的新奇技艺……尽管它们都不是亲历体验，却也丰富了大家的文化知识；尽管它们也都不是实地探求，却也拓展了人们的观瞻视界。以上都为真正意义上的"文化游习"提供了可以参照的共享资源和"迈出第一步"的真实感触。

虽然文化游习的载体可以多种多样，但其中的精神延续、义理传递和新知探求，乃至佳趣频生、心智融会、思悟集聚等，不可缺失甚或泯灭，这也恰恰体现了文化传承和创新应用之间是一种并行却又不相悖的关系。

第三节　中国文化游习的时代意蕴思辨

文化游习得益于时代的进步发展，又在很大程度上体现了特定的时代特征，生发并洋溢着一定的时代意蕴。中国文化游习跨越了时空概念，基于区域文化的缤纷特点和内涵深蕴，以无比宽广的视角融会了文化内涵的通义，卓显出独特而极具新意的时代风范。

一、跨越时空的中国文化游习

（一）中国主要区域文化特征及其游习

中国地大物博、山河壮丽，古往今来便以其光辉灿烂的地理人文积淀着博然厚重的民族精神，也焕发着中华儿女砥砺前行的精气神。众多地质公园、山水园林和其他的自然景区，蕴藏着因地域不同而各具特质的丰厚资源。它们极具地域特色，也给文化游习者提供了"可容其身""可赏其心"的广阔空间。

根据考古发现，新石器时代的中国区域文化可划分为黄河流域文化区、长江流域文化区、珠江流域文化区和北方文化区，自此也奠定了农耕文化、游牧文化各个区域划分的基础。虽然中国区域文化特点各异，却在渐变的区域文化格局形成过程中，趋向于共性并使差异性越发减少。隋唐以后，少数民族区域文化也融入进来，在与汉文化长期碰撞的漫漫长河中，渐变而成"汉文化圈"的组成部分，进而走上了相融共生之路。

不同的地域包孕着相异的文化特点，也滋养出极具特色的中国传统文化内涵，大体上包括以下几个方面：

1. "齐鲁文化"

有着巍峨之势和灵秀之姿的齐鲁大地，即今天的山东地区，是古时齐国和鲁国两地领域的合称。由"海岱"情怀滋生出的齐鲁文化,肇始于西周初年,至汉武帝时逐步发扬光大。齐鲁文化乃齐、鲁两地文化的集大成者,以东岳泰山和无边瀚海为典型的地理标志,基本上代表着华夏文化的正宗一脉,有着强大的凝聚力和鲜活的生命力。无论是"泉城"济南的大明湖、趵突泉、千佛山之"三胜"美景,还是"五岳独尊"的旭日东升、云海玉盘、黄河金带和晚霞夕照的自然景观,加之世界级文化旅游胜地曲阜的"三孔"圣景和蓬莱仙阁、崂山湾畔的超凡炫彩,都令人流连忘返;临沂革命老区的人民更以"蝶变"的姿态,绽放出"风雨彩虹"中的美丽;东营入海口、黄河三角洲也早已成为"生态天堂";而"向海而生"的山东半岛,已收获了"酒花溢香"的秋之硕果,使"青青之岛"在"上合峰会"之后更加乘"峰"破浪,正以"冲浪"的速度昂首阔步地迈向"深蓝"。综其特点,齐鲁文化在整体上尽显粗犷古朴和豪爽热烈,不仅重伦理、尚仁义,也尊重传统、讲求革新。具体来讲,包括刚健有为、经世致用、崇尚气节、民贵君轻和人定胜天等精义内涵。齐鲁文化孕育出了诸多文化名家和思想大家,并以"孔孟之道""管墨之风""孙子谋略"等,在"岱青海蓝"中彰显出鲜明个性,积累了熠熠生辉的璀璨成果。

2."燕赵文化"

燕赵之地包括今日之河北和山陕中北地区。古今河北延承一体的区域文化即构成了燕赵文化,相对干冷的气候,农业、畜牧业和商业的兴旺发达,使燕赵文化极具游牧特征,不仅具有"慷慨悲歌"的特质,也饱含自强不息的精神;不仅具有尚德重义的品性,也包含虔诚礼让的风尚。从闻名世界的满城汉代墓群到映照清凉、风光旖旎的承德避暑山庄,从屹立千年、巍然不倒的赵州桥到久负盛名、风光秀丽的北戴河,处处显露着燕赵文化的悠久历史和古朴庄重之风。时人睿智顾大局,勇武善搏击,并且淳朴不奢靡,深受京畿之地文化的影响,至今以朴实刚强的优良传统和得天独厚的区位"正统",发扬着变革图新的精神,营造着追求和谐的美意。

3. "三秦文化"

"三秦"之说，源于秦亡之后"西楚霸王"项羽对秦地三分的史实。三秦之地民风淳朴，戏剧、民歌极具地方特色，秦腔、皮影戏、安塞腰鼓、窗花剪纸和"信天游"等，给人留下了深刻的印象。更有"丝绸之路"的起点、被誉为"世界四大文明古都"之一的西安，以其绝美的华山奇景、遥相呼应的大小雁塔以及"世界第八大奇迹"秦始皇陵兵马俑等而远近闻名；中国革命圣地、陕北重镇延安，也吸引着各地的游习者。也有敦煌莫高窟世界文化遗产、名胜古迹鸣沙山和"沙漠第一泉"月牙泉……自古以来此地人们就重法家治国理政思想，文化上的功利主义特点也极为明显，虽建基于农耕文化，却也能够包罗万象、兼容并蓄，使宗教文化繁盛，艺术形式繁多，商业文化鼎盛发达。但随着文化中心逐渐向东南方向转移，三秦文化渐趋于后且保留了较为传统的文化形式和文明心态。

4. "中原文化"

此一文化区域所含范围，乃今天的山西大部、河南中北部和河北中南部，因其古称"三晋"之地，故此一区域文化亦可称为"三晋文化"。中原文化作为中华文明摇篮和中华文化之根脉，也是中华文化的母体与主干。它以河南为核心形成逐层辐射的效应，并将深厚内涵延及海外，成为中华文化的重要源头和核心组成部分。此一区域地理环境特殊，历史地位极为重要，并且人文精神浓郁，使中原文化长期居于正统和主流之位，也在一定程度上代表着中国传统文化的整体精髓。这里，不仅有"九州腹地、十省通衢"的郑州，也有"牡丹花城"洛阳和"菊城"开封；不仅有"华山如立，中岳如卧"的嵩山，气势雄伟的云冈石窟，惊险奇特的悬空寺和山水依连、古朴苍郁的晋祠，也有"源出昆仑衍大流，玉关九转一壶收"的壶口瀑布景观和具有两千七百多年历史的平遥古城。此一区域是"龙图腾"文化的诞生地，成为蕴藏智慧、勇敢向上、吉祥如意和典雅尊贵的象征地。中原文化也于此"中州之地"融会了各家所长，在长期的激烈碰撞中，不仅呈现出"共享性"，连年的水患灾荒造成的人口迁徙流动，也使其文化架构逐渐变得"四通八达"起来，而越发呈现出中原文化的特有布局和博实风貌。

5. "荆楚文化"

荆楚文化，兴起于江汉流域。"荆楚"之名源自楚人、楚国之意，涵盖了"两湖"、徽州、赣西北和河南南部等地区，并以"两湖"区域为核心，以淮河流域与鄱阳湖流域等为边缘。此一区域地理位置优越，山水名胜众多，而且文物古迹阔存。不仅有长江、汉江交汇而成的"武汉三镇"，也有将"天堑变通途"的长江大桥和凝聚了百年梦想的壮美三峡；不仅有武当山、黄鹤楼、神农架等名山佳处，也有碧波千里、美不胜收的洞庭湖与被誉为"江南三大名楼"之一的岳阳楼和"南岳"衡山。概括地讲，荆楚文化多指以湖北地区为主体辐射周边的、古今相传的荆楚文化体系，带有极其浓厚的地方特色。荆楚文化由上古华夏文化主流汇合当地蛮夷文化的支流构筑而成。此地多丘陵和江湖之川，包孕着神农文化、楚国文化和三国文化等，呈现出浪漫神奇的区域化特征，其文化特质主要包括实干兴邦的开创精神、兼收并蓄的舒放情怀和追风逐浪的创新品质。

6. "吴越文化"

吴越文化，即江浙文化，具体包括"吴文化"和"越文化"。此文化以太湖为中心，包括江浙沪地区，并影响到徽州以东和赣之东北。此区域地带气候以温和为主，肥沃的土地，加之水量充沛，使农业发达无比，因而农耕文化特色较为鲜明。自中国经济和文化重心从北向南移至此，到明清时期便逐渐显露出其沿海地理优势，不仅商贸发展迅猛，语言文化更是繁盛，区域文化特征极其明显，呈现出恬淡细腻、清新雅致的玲珑个性。此区域内文化厚重，金陵古城深沉博远，上海"豫园"景观巧夺天工，扬州瘦西湖风格独特，苏杭二地美若天堂，同里"三桥"的街景更是古色古香，美不胜收……此区域人群性格的"共性"是刚柔相济、谦和恭敬并注重礼仪。自古及今，吴越文化影响深远，不仅在踏上河姆渡文化、良渚文化的路径中，历经了风雨迷幻，更以

"同俗并土、同气共俗"的包容风采，逐渐地交融、汇合而成了统一、完整和大放异彩的文化系统。

7."巴蜀文化"

此一文化由四川地区以东的"巴文化"和四川西部的"蜀文化"共同构成，且以重庆、成都为中心，延及陕南、鄂西和云贵部分地区。巴蜀文化具有丰富的内涵且独具特色，有着极大的影响力。总体来说，巴蜀文化以热烈、诙谐和高亢为显著风格，也不乏开放兼容和自然诡秘的突出特征。如峨眉秀色甲于天下，青城幽静誉满四海，三峡风光幻如仙境，更有美丽的九寨沟、深沉的白帝城和被余秋雨先生誉为"中国历史上最伟大的工程"的都江堰等。由于此文化区域与中原地带有着天然阻隔，较容易强化地域色彩进而具备浓厚的文化传统，成为中华民族瑰丽文化体系中不可缺少的分支部分。

8."岭南文化"

岭南古属"百越蛮夷之地"。从较宽泛的意义来说，此文化体系包括闽粤、海南和广西区域文化，也有人将港澳台地区的文化划归为此文化区域的"移民文化"系列。在岭南区域地带，阳朔风光秀丽脱俗、桂林山水甲于天下；福建乃"海滨邹鲁"，武夷山脉，"碧水丹山"通连着"清凉世界"；鼓浪屿之波擂鼓般震天动地，广州、深圳工贸结合，又饱含文化底蕴；也有海口、三亚，贯通起天涯海角，穿透了热带雨林，传播着椰岛风情。整体来看，岭南文化包括文艺、建筑、民俗、绘画、美食和侨乡等众多组成部分。作为一种混合型的"新文化"概念，岭南文化带有极其浓厚的区域色彩，又"采中原之精粹，纳四海之新风"，其特点呈现出多元化、务实性的一面，也包含了舒放、兼容等人文内涵元素，充满着创新特色。从岭南最早的书院"孔林书院"，到"折衷中西，融会古今"的"岭南画派"，无不彰显出它锐意创新的进取精神和雅俗共赏的审美之风。

9."东北文化"

"东北"之称，是一个地理概念，包括黑龙江、吉林和辽宁等地，也属于文化概念的范畴，代表了特定区域的整体文化特征。此文化源远流长，因其历史悠久和文化遗址众多，加之在辽河、松花江流域等区域内汉、满、蒙、鲜、回族人民杂居往来频繁，历来被打上了游猎文化的特色标签，随着不断与汉文化的融合，也逐渐形成了农耕文化与游猎文化相互交融的特征。一座"冰城"哈尔滨，其欧式风格的建筑别具民族风情；长白山天池风景如画，平若镜湖；沈阳故宫建筑群完整，雅朴庄重；更有形若莲花盛放的千山和其余脉凤凰山，在清幽雅静中焕发着活力。松花江畔的粼粼碧波，闪耀着延承不绝的文化内涵；松辽平原的黑色土地，孕育了代代辛勤的劳动健将。单就一部《闯关东》影视作品，就较为全面地展现了东北人的性格特点及其特有的自然与人文环境。东北文化源于"东北人"的热情豪爽、勇敢坚毅和自由奔放。在今天，东北文化更是兼容并蓄，显现出其在"新时代"精神滋养下的自然本真和创新特质。

10. "徽州文化"

徽州文化源远流长，极具地方特色，不仅内容广博、深邃，也含带整体性和系列性特点，以徽派建筑和徽墨歙砚闻名于世，成为中华文明体系的重要组成部分。徽商的兴起成为徽州文化发展的原动力，也带动了区域文化长久的兴盛。此一区域名山秀水和人文景观相映成趣，如以奇松、怪石、云海、温泉"四绝"名扬天下的黄山，还有九华山、天柱山、采石矶等，都是别具一格的文旅景点；皖南古村落也气候宜人，古雅沉静，为游习者所向往。值得一提的是，江西婺源虽处于江西省东北部，却是徽州文化的发祥地之一，以如诗如画的田园风光吸引着热爱生态文化的人们。

11. "江西文化"

即"赣鄱文化"，江西因赣江而得名，素有"江南昌盛之地，文章节义之邦"的美誉。由此，江西文化也因居江南"鱼米之乡"而博采众家所长，极富浓郁的地方特色，不仅在文雅秀丽中不失朴实奔放的灵动色彩，也在精巧纤细之中张扬了豪爽粗犷的性格。此一文化区域内，既有"匡庐奇秀甲天下"

的庐山、名扬天下的景德镇瓷器、"江南第一名楼"滕王阁，也有理学泰斗朱熹讲学时的白鹿洞书院以及"革命的摇篮"——井冈山和南昌"八一"起义指挥部旧址。总体上，赣鄱文化以其高尚、澄净、务实和兼容的文化体系，召唤着中外文旅游习者慕名而至。

除此之外，还有"西域文化"和"云南文化"（"滇文化"）。穿越历史的尘烟，不知有着多少慷慨悲歌在漠风驼影中传诵，又会有几多灼人匠心在惊世美景中沉淀！其中，"天山明珠"天池碧如翡翠，巴音布鲁克大草原宛如绿宝石镶嵌，而喀纳斯的湖景、松涛，静雅得纯粹无比，像极了"炫目的调色板"；火焰山木头沟千佛洞可谓技艺精湛，香格里拉的传说也是异常浪漫，更有丽江古城布局浑然天成，西双版纳神秘蕴藏丰富；当你看到雄伟壮丽的"大理三塔"和相携而动的"苍山洱海"时，竟觉得处处都充满着梦幻与神奇的色彩。相比之下，历史悠久的贵州文化，起步却很是"平缓"，处处生发着民族融合的气息，在其主要的游习景点当中，安顺龙宫鬼斧神工，喀斯特地貌诡秘而又神奇，黄果树瀑布则以无比壮观和瑰丽的气势与其营造的幻境吸引着众多的文化游习者。另外，还有源自"世界屋脊"且以宗教文化独树一帜的西藏文化，此文化体系也极具高原雪域文化的区域魅力和宏伟神韵。

鉴于文化本身具有强烈的融合性和包容性，在漫长的历史传承过程中，又不断接纳了新生力量使内涵张力无限增扩，所以对其整体区域文化特点的归拢性概括，便不可能做到"点点牵连"和"面面俱到"。总之，不管以上文化区域的划分合理与否，它们都较为明显地表明了一点，即在中国境内，这些文化体系虽居于异地时空而各具特色，却也各显其效和颇见其韵。倘若能对其进行一番心灵的"游习"并加以细细品味，便算得上是人们不断品尝"鲜美大餐"和享受"视觉盛宴"的佳美途径，也会成为所有向学者寻求文化延承航道并不断提升德行品质的明智选择。

（二）中国文化游习的"超时空"跨越

文化游习本身属于"知行合一"理念的个性化体验和独特性参悟，是活跃在特定时代背景中的个体"行"与"思"的有效结合，也是铺展在稳定环境下的整体"动"与"静"的合力增进，不仅有着极强的时代性，也具有超强的年代感。但文化内涵具有极强的渗透力，可以穿越古今、扬威中外，并在创客思维模式下被刻印上了跨界融合、协同发展和平台推进等颇具实效性的符号标志。

中国古代时空闪现出来的非同一般的文萃画面，对此作了很好的证明：从极富神话色彩的、精彩展现劳苦大众渴望光明、锲而不舍精神的地理奇书《山海经》，到北魏郦道元用文学手法艺术性再现名胜古迹神采风范和风土人情主旨意蕴的《水经注》，再到领先于欧洲颇具探索精神的《徐霞客游记》，无一不是跨越了时空的文化游习经典巨著。徐霞客乃明代地理学家，他以"日记体"形式详细记录了自己的游习行踪和查验所得。作为一部杰出的中国地理百科全书，《徐霞客游记》也是一部光耀古今的伟大文学名著，极富学术价值和文学色彩。此书内容涉及人文地理、水文地质、山川景象和植物生态等，卓显出历史考证和文化游习等多方面的成就，指导着今天人们的生活实践，也为多方面的学术研究提供了方便。

由此我们可以说，就单一文学体裁而论，透过《徐霞客游记》我们能够体会到中国文化游习超越了时空的跨越性，因为它折射出了所有文化游习作品的特征和效用。比如，它们多以名胜古迹为写景状物的模板和蓝本，在栩栩如生的临摹和描画中展现了祖国文化瑰宝的魅力；游习者妙笔生花、说理渗透，对自然万物着色添彩，以细密才思和哲理神韵诠释了对壮美山河的无限热爱；游习作者也可移步换景并融情于景，以字字珠玑激发扣人心弦的政治抱负和永不泯灭的家国情怀；又或有著者托物言志且意境高远，用含蓄隽永的文思笔触抒发个人情感并极尽包含人世智慧。这些于情于理，于己于人，都可以说是跨越了时空界限而影响至今，也超越了简单的文化游赏而连接着未来的一切美好，最终成为人们陶冶情操、提升品位的文化游习精品。

二、中国文化游习的时代意蕴

中国文化游习"古今通义，中西通理"，在今天我们所生活的伟大时代里，更被赋予了中华民族自强不息的时代精神、博实勤信的文化底蕴和卓尔不群的人文特色。其在以人为本、与民同乐、坚定文化自信和创建国际化发展格局等方面，彰显了深度挖掘民族文化内涵的心理特征与构建人类命运共同体的和谐创展理念。现将其意蕴要旨作出如下概括：

（一）义理佳趣贯古通今，人文典范中外驰名

文化游习积存了太多"国家宝藏"中的文化底蕴、通透义理和心智模式，也在"抽丝剥茧"中，将内涵的意趣和情致在人文典范中升华到了极致，从而使其带着民族特色的光辉和中国符号的内涵走上了世界大舞台，而一展中华优秀文化博实厚重的风骨神韵。

如作为游习者，去体验"惟楚有材，于斯为盛"的湖湘文化，就不可能不对其"泽被深远"的文学、艺术、宗教、民族等细细品味一番。但是这一切，都离不开文化发展脉络的深入研究，即要对于千年以前的楚文化甚至更为久远的历史文化进行研究。自古及今，其间有着不可或缺的"青铜文化"重要组成部分，有着丰厚人文素养的"千年学府"岳麓书院存在于世。除此之外，还有绚丽多彩的民风民俗荡人魂魄，五岳独秀的衡山风景令人陶醉，人才鼎盛的事实也不得不令人拍手称赞，而其细腻与柔美、粗犷与豪迈并存的文化特点，则更应该受到关注。然而，在其"九州粮仓"和"鱼米之乡"美誉的背后，我们需要分析的是那"湖广熟，天下足"景象和它"韵香九州，弦歌不断"的真正缘由。于此，我们不可否认，文化内涵的深厚滋养应是其根本原因，其中义理一脉相承且又在发展的过程中被赋予了不断前行的力量，从而使湖湘文化造就了大批的文化名人和知名学者，并以"秋风万里芙蓉国，三湘四水润古今"的美誉久享盛名于外。

（二）精真内核秀外慧中，创新特色卓显风采

文化游习宛如栈道通衢，承载着一脉相传的智慧，包孕着"志士仁人"

的品质和"贵和尚中"的思想，且将淳朴情怀和"天道酬勤"的意旨博发于字里行间，也把创造精神融入极具高雅格调且经过了精妙布局的文化机体当中，显现了灵秀内心和聪睿智慧，产生了令人心潮澎湃的效果。

借助于新的表现形式和高科技手段对传统文化的精神内核进行深入融通，并在"跨界式"创新中实现突破的做法，在当下正引起极大风潮，如山水文化、影视文化、民俗文化等，若通过一定的形式创新，更有助于经典文化内涵的海量传播。比如，2019 年有一部国产动漫电影《哪吒之魔童降世》尤其卖座，且口碑爆棚，原因就在于它通过"用心"的设计展示了"走心"的创意，把一个敢作敢为、顶天立地的"硬汉神童"形象塑造得淋漓尽致，不仅"冒天下之大不韪"地发问"生而为魔，那又如何？"，也在后天的逆转中外现了中华优秀传统文化的精髓。这是一个很好的例证。

我们甚至可以将视野放得更宽广一些，如当今备受推崇的"城市群建设"，正日益成为全球城市化布局和区域发展的主流。此一规划理念应展现出融入了生态观念、文化素养和生活品质的核心层面，不断地在内涵挖掘和外延扩展上用心用力。说得再直白一些，就是城市建设和区域规划的重心要"有文化"和"有内涵"。即便是颇具"消费效应"的所谓高格调、大布局和宽视野"文旅"的长效发展战略，也要借势于城市发展格局和区域文化的丰厚底蕴，显现出一方水土整体的人文"软实力"。另外，也要做好文化内涵的接续融通和文化品牌建设，为文化资源的"蓄势"和"产能"积淀原动力。当精巧细腻而又雅静淡美的江南文化"以水为媒"汇合了"红色文化""国学文化"和"乡俗文化"等亮彩、特色时，或许联通的就不单单是内蕴生动的一地景观了，估计还会产生辐射效应，而更有利于推介区域文化，促进城市发展和乡土风情"走出家门"。由此，各地如何深挖文化亮点和积淀内涵、如何通过体现特色而"创出名堂"，自然就成为不断吸引游习者品鉴文明精髓、享受文化盛宴的"重中之重"。

（三）立体呈现社会风尚，城乡协同谱写新篇

世界是一个融会了所有珍奇的"大村落"，其间自然生态、风物人文和生

命光华无所不包。随着文化游习中的文明旅游、无痕体验等在全球范围的蔚然成风，以"全域皆是景区、和谐即为示范"理念打造的一系列融入城乡建设内涵的文旅活动，都是值得借鉴的风尚和可以推崇的潮流。

以海滨旅游城市青岛为例，如今正在谋划"景城乡一体，山海空联动"的文化发展格局，以它极具海滨城市特色的一系列文旅活动、研修沙龙和学术论坛等，将"海洋味儿"较浓的海域地标和在"啤酒味儿"中凸显的国际化风情街区等诸多文化元素，灌注进了以提升时尚文化品质为目的的高端格局和发展体系之中，也借助于"帆船之都"和国际化港口城市的山海文化游习体验、"最美古典诗词"的研学之旅以及青岛啤酒、葡萄酒文化的宣传推介活动等形式，链接了即墨古城、青岛小镇和西海岸新区等地方板块的区域特色与创新品味，进而以新的灵感和实践动能显露出"创新之城、创业之都、创客之岛"的新景观、新气象与新气魄。

（四）内涵引领全球思维，生态架构接续发展

文化游习虽然有些时候切口较小，貌似形壳微不足道，载体也相对单一，却能处处显现深厚文化内涵和绝佳审美品格。在科技让世界变得"越来越小"的当今时代，文化游习实践适时跟进了"越来越大"的文化发展格局，也在体系架构中越发突破以往局限，融入了更多的文化生态理念，这对于助推文化本身在更广阔的天地中健康繁衍和接续发展，起到了较好的作用。

创客思维模式善于捕捉异地时空的诸多美丽，在无限联通起的实践载体中，将文化游习超越了一切的内涵和无与伦比的魅力尽情释放，从而展现出了空前深厚的时代意蕴。这不仅给予了"准文化游习者"一种身临其境的"代入感"，也让名副其实的"文化游习者"在获得新知的进程中，更加义无反顾地迈向了未来美好的长道，进而能够信心十足地阔步向前。

三、中国文化游习的创新路径

中国文化游习的时代意蕴承继了古今文明精髓和中外协同义理，使一切平

凡的可视之物具有了立体感和画面感，由此也促发了许多源于本真、卓显信美和谋求创新的践行路径。笔者自行总结如下：

（一）心似"瓶中见"——本真存现

文化游习是执着坚守的"信念"和接续相连的"心念"之合力生发，这种信念和心念源于自然本真，也源于生活本真和自我本真，宛如一枝窗角瓶梅显露的静雅纯美和桌旁那些亮眼插花散发的清新香气。古人云"一片冰心在玉壶"，而中国文化的游习不仅需要"一片冰心"，也需要一片仁心、一片热心和一片诚心，能够使清凉的世界找回本真，也让行走的温情得以再现。

由此，这便从根本上影响到中国文化游习的创新路径。中国文化就好比是洁净玉瓶里的一汪圣水，以丰厚滋养和本真内存泽润着清新善美之花的全力绽放，人们所看到的即为自然万物的纯真呈现，这样的一颗心，是所有创新实践的出发点，也是所有创新路径需要紧握手中的起点。

（二）人在"画中游"——信美视界

文化游习是行走中的游习者用心描绘的风景，是"动起来"的实感画面，源于一种真实想法的实现，或灵动场面的再现，也会连带出多彩视界和情思涌动的动态场景，犹如"舟行碧波上，人在画中游"的美景体验，能够带给人非同一般的感受和超越无限的回念。

所以，它也给予创新路径更多的"场景化""动态性"和"平台感"，这种"完美呈现"不可避免地要借助于信息化平台、智能化技术和高科技手段。此种思维方式，恰恰和创客思维模式的主流理念不谋而合，就如同你在黄河源头和泰山之巅听到了小提琴奏出的悠扬乐曲，就好比你在深圳莲花山上和上海黄浦江边看到西域冰山上的来客露出了神秘的笑容，又好似在大魔方里看到了活起来的"绿巨人"，在"月牙泉"里听到了飞翔着的"花仙子"，它将无以复加的亲历实感，借助于一定的科技理念和技术手段得以呈现，即便是"假得可爱"，也在创新中"真真正正"地实现了视界联通和情思展现。

（三）行若"海上风"——创新灵变

文化游习作为游习者品味文化内涵、提升品质素养的有效方式，是"行胜于言"的真知实践行为，是"风行海上"的自由奔放之举。它依靠的不是"虚张声势"，不是"人去楼空"，当然也不是"雁过无声"，而是"千里江陵一日还"的快意人生，是"留得残荷听雨声"的浪漫体验，也少不得"唯见长江天际流"的沉郁慨叹。

它们，就是文化游习中"遐思无界限，行若海上风"的创新灵变。当然，中国文化游习要在创新中将其深厚内涵"美好"地外现，也更需要呼唤自由之风和创新理念。这就好比个人不仅能在田园场景之中联想到歌曲《梦里水乡》的唯美和《真永远》的诚盼，也能于秦始皇陵兵马俑的遗址土坑中，看得到"天鹅湖"里的灵动和"金沙滩"上的壮美。不过，这种创新路径不是信马由缰地胡思乱想，也不是那种做作的"炫技"和故意的"卖弄"，而是源于现实又超越于它的情思感念和信守相连。

（四）舒展"全域化"——生态构建

借助诸多文旅活动的外在表现形式，有机结合多元化的业态，在不断地融合创新中规避单一场域和狭隘景点的片面化"游习"，以实现文化资源共享的"全域旅游"，进而构建舒展融通的生态化体系，已成为当今时代以"文创产业"延展个体文化游习功用并带动和促进经济社会协调发展的实效做法。

其间彰显创客思维模式的全民参与、场景呈现、路径优化和接续体验等科学性、系统化的"游习"实践，真正助推了美丽乡村建设的步伐，为广大的文化游习者营造了舒适、安静的实践空间和体悟环境，既实惠又实用，也多有实效。

基于以上所述，这些"美好"的呈现，即"跨越时空的美丽"，它们不仅从各自层面积淀了古今文化的内涵深蕴，也以独特视角延展了创客思维的宏博伟力，显现出实践动能的创新实效，架通了融会未来的信美航道，终便"游习之旅"的点点星火呈"燎原之势"。

第二章 连接未来的阶梯

当今时代，倡导以开放融通的国际化视野和不断"脱胎"于古今思想精华而实现创新发展的方式，延展古今接续且又博实深厚的文化内涵，以便将其丰腴滋养、人文底蕴、融创思想和尚美格调舒放于世界的每一处角落，并进一步实现"文化协同"。其中原因，就在于主流文化的内涵是强铸健康肌体的"壮实筋骨"，是拖动远景航标的"一线江天"，也是润色未来发展的"初阳晴川"。不管"信息化"的预想如何高妙，也不论"智能型"的技术多么超前，真正能支撑我们昂首挺胸地走向未来的，永远都是全人类共享型优秀文化的不断积淀及其在实践检验中内蓄动能的高品质生发。

不可否认，我们正生活在一个借靠舒放型思维助推文化内涵力量"由点及面"地扩散，并"立体化"发挥功用的净美时空。但是"有想法"，未必就是真正意义上的"有文化"；即便具备了一定的文化素养，也未必能够将美好的愿望变成现实。诚如《大学》中所言的"大学之道，在明明德，在亲民，在止于至善"之理，文化游习，就是"百川汇于海，此行需登攀"的体验认知和知识得获之道，因为连接未来的阶梯就铺展在我们的眼前。在这里，不仅有佳美智慧之树的绿荫筛落出的点点光影，也有超绝经典真善美内涵逐级垒摞而起的丝丝善念，更有锃亮锐利之剑的胆气所激扬的斑斑血气和一股韧劲儿，需要行在路上的人们随时随地以开放思维在宏观上博观约取，在微观上研学进知。

心理学的观点认为，行为主体产生某种行为最直接的原因，并不是理智的思索，而是内心所积聚的经验会合及因其而生发的诸多"情绪化"认知。高成效的文化游习，不脱离于理智和情致，更处在一个内修和外修相互兼容、人文与理性彼此倚重的生态体系中。可以这么说，在这个体系架构当中，主观和客观的融合"一个都不能少"，而乡土与文脉的延续"怎么都不为多"。无论是在过去、当前和未来，深层次的文化游习都成为"城乡并进"和"文脉延续"的得力措施，它不仅是新农村建设的明智之举、乡村振兴的宏伟战略和精准帮扶的科学实践，也是全球华夏儿女"心心相印"地联系故土、维系乡情、疏通城乡，进而得以和谐发展的纽带与桥梁。

总之一句话，这架阶梯，连接着孜孜不倦的奋进者们力求奔向美好未来的睿智和意志；这架阶梯，也连接着生生不息的中华民族着力走向繁荣昌盛的宏图和伟愿；这架阶梯，还连接着博实厚重的文化精髓在繁盛大道上越发意蕴宏深的格调和雅致。

"天生一个仙人洞，无限风光在险峰。"文化游习，它就是蓄养了内涵、舒展了心智和勃发了心力，进而帮助我们以"不一样"的格局和视野，走上这架"阶梯"去领略"无限风光"的绝佳途径。

第一节 升增自我研习智慧的推行策略

诚然，生逢不同的时代，人们会有不同的研习途径和进知方法，以拾获妙理精言并生增自我智慧。就文化游习而言，古代因条件所限，很多梦想都无法实现，而今时之变在很大程度上助推了诸多"游习行为"的得偿所愿。尽管古今文化游习的"原创精神"同样难能可贵，尽管常规化的古今文化游习在认知水平增进和学术价值甚或审美品位提升等方面功不可没，但今天的创客思维模式也含带了自身所依附时代的优越性。那么，倡导舒放型、自由式研习实践的创客思维模式，对于个体开阔视野、增强创新意识以及升增认知水平等，究竟会起到哪些智慧式推衍的功用？它又会产生何种明显的实效呢？

一、文化游习中的原创精神回归

原创是数字理据聚拢的渠道，是文思意蕴生发的源泉，也是内涵情致最终的归属，而原创精神则是诚真善美等可贵品质和实践技艺盛开在各个实践应用领域里的艳美花朵。在文化游习中，亲历者在行思时空中将一个个梦想变成现实，或对实地实景做出真实再现，或以含蓄、细腻的笔触抒发真挚情感，或直白通畅地发表个人识见，它们都属于"原创"实践的大概念之列，也是"大原创"精神的回归与重现。

当然，原创呈现的形式灵动而多样。尤其是在当今时代，数字化媒体技术手段和互联网平台推送效应可以让一切原创变得更加逼真和更有可视感，但原创首先需要的，是源于生活本真并超越社会现实的精神意识，特别是文化游习，它所有的真实性再现本身就是一种原创，因而呼唤真实、颂扬纯真和抒发真情应作为原创精神回归的第一要义。

（一）原创精神"动静皆宜"

任何有深度、有价值的原创都"以内容为王"，离不开长效的"内存"积淀和用心的"精雕细琢"。这种持之以恒的坚守修为和惟真品质，可称之为"原创精神"，它静能默然信守、动可绘彩成景，需要借助一定的知行载体和外显形式加以发扬。这种形式便是文化游习的诸多实践，它们不仅是"动起来"的"原创"文笔，传递着非同一般的"温度"，也是"静下去"的"溪流"活水，承载着文化内涵的"深度""广度"和"厚度"。

（二）文化游习中的原创呈现

文化游习可以是炫彩流芳的精美书签，可以是心潮浮动的连绵群山，可以是高空飘游的白色云朵，也可以是斜阳夕照的细密海滩，其中充满了纯然信念和时代律动；而游习者每一步的前进行走和每一丝惊心动魄的内心感念，都可以被精雕细刻或着力描画，而成为不朽的诗篇、深研的经典和共享的美谈。凡此种种，若脱离了"原创"的形壳，想必许多精美的妙理感言将会无所依附。

二、文化游习中的认知水平提升

在文化游习过程中，个体阅历的深浅、知识的厚重与否，以及思考的深度乃至视域的广度，都是影响游习者认知水平的重要因素。注重"读万卷书，行万里路"的实践理念，奉行"千里之行，始于足下"的践行准则，以体验认知和亲历考证为基点进行知识探求，对于增进游习者的认知水平大有裨益。

（一）文化游习促进认知能力提升

文化游习是在"亲力亲为"胆识的驱使下"敢为人先"的实践行为。而一切认知理应源于生活实践，文化游习是"动起来"的文化认知实践和提升自我文化素养的实效行为，有着很大的"纠错"空间，可帮助游习者一步步地攀登高峰，在超越自我中不断提升认知水平。根据我所做的问卷调查显示，99%以上的本科生认为深入开展中国文化游习实践活动能够理实一体地提升他们的理论认知水平，并有助于其重塑自我，发挥优势，实现创新发展。

（二）认知能力反作用于文化游习

认知是对综合知识的实践应用，需要有一定的理论基础和数据凭靠，也是内涵沉淀、思维伸展和创见呈现的整体功用的发挥。内心认知的准确界定，得力于扎实的知识储备、丰富的经验积累和精准的果敢判断等诸多"生态体系"内元素通联效用的完美发挥，对于游习者的综合知识应用能力是一种经久不息的考验。

三、文化游习中的学术价值探究

真正意义上的学术研究，都是"知行合一"理念、"理实一体"实践的汇合与熔炼，需要有大量理论的积淀、长期付诸实践的体验认知和与之相关联的数据规整与总结，抑或极具应用价值的实效见证。文化游习中的学术研究，应基于实地查验、实景体验和文化体悟的深入实践以及一系列以成果为导向的"串珠成链"，当然也离不开那些对于诸多文化资料的"细密规整"和源于浩繁卷帙且能被高度提炼出创新观点的"布局成篇"。

（一）以文化游习激发学术实践动能

文化游习本身作为一种认知实践，是源于多种理论指导的体验式认知，在场景亲历或是知识探求中得获常人难以达到的境界，这当然需要一个由近及远、由知之甚少到渐进性获得"真知灼见"的深度研究过程。这种"深研"，不再停留在单一的理论层面，也向内涵挖掘和学科的边缘化方向伸展，同时又可以是自我认知晋升到社会层面的体系化构建思路及其创展，或者是在国际化视野下相异文化的对比和"求同存异"的文化翻译研究等。在此期间，游习者的每一处发现和每一点体验都有可能成为自我独一无二的创见，思之理之即可沉淀成篇，即使偶有缺陷，也可继续查验探知以对进一步的学术研究提供往复不断的动力支持，假以时日，便是水到渠成的学术研究成果。更何况，文化游习中的"原创"，大多来自游习者本身的创新眼光、问题意识和情思涌动，在其查验古今、思考现实和畅想未来的生态链条中，留下了细腻而精彩的笔触，从而生成了颇具个性特点和实践价值的学术研究成果。

（二）以学术研究推动文化游习实践

要形成实践价值较强且富有影响力的学术成果，需要针对某些核心主题的"点线面"，做经久不息的"有力拓展"和"深入研究"，这当然不能缺失理论的沉淀和与之密切关联的认知体验。文化游习者在经过好奇心驱使、体验式认知和集群化分享等一系列过程之后，若能够亲自品尝到科学践行的"真滋味"，得获实效反馈并心有"创见"，则自然会以极具内涵的文字篇章做出"理实一体"的呈现，进而指导更深层次的认知实践，此为学术研究之便。

以《马可·波罗游记》为例，这部作品记载了马可·波罗一行的东游见闻。书中对不同的地理人文、风物景象、商贸经济、奇闻轶事和信仰风俗等进行了引介与描述，其间也多有亚洲的游记和有关中国的叙述。游记的作者通过精美绝伦的篇章和热情洋溢的语言，向世界展现了无以穷尽的财富和广博深厚的文化，但更为重要的是，这一部来源于亲历体验的游习作品，不仅是文史地理的重要典籍，也是世界知名的学术著作，在推进世界文化交流等方面的价值可以说无法估量，也为人们开阔视野进而全面地认知世界，打开了一扇共享的大门。

（三）以能力提升通联文化游习视界

作为文化的有机组成部分和人类特有的交际工具，语言本身不仅是传递信息的声音、思想交流的媒介和有效沟通的方式，也是传播文化思想和体现价值观念的符号系统与实践载体。其中不单包括相异文化的风格特色，还包含人类文明延续的根脉，而且也浮现出内涵蕴藏的踪迹。由此，文化游习者通过语言表达的诸多显性形式（如各类文体的呈现和特色文本的留存等），"求同存异"地借助于交际平台和口笔译等有效途径，对多元文化进行自然融通与适度嫁接，不仅能够消解沟通中的"瓶颈"，也成为不断运用创客式思维跨越文化鸿沟进而谋求国际化格局的表现。

这当然不可避免地会涉及跨文化交际能力的提升，以及多语种之间互译的问题。其实，它说到底应是优秀文化传播和内涵接续发展的问题，也是全球化格局下人类文化体系不断丰富健全和内涵品质日益提升的问题。"只有民族的，才是世界的。"在这里，首先强调了"民族文化"才是接地气和富有生命活力的"大众精品"，因其更富有生命力而容易被更多人接受；其次肯定了世界文化作为一个集合概念自身所具备的特质，即文化的世界性、跨界性和融通性；最后是文化上"兼收并蓄"思想的外露，体现的是协同创建和生态构建等可贵品质。

以上种种为我们今天的"文化游习"实践提供了明确的航标指向，也为我们的"游习文化"树立了高远格局。由此，创客思维模式下的中国文化游习，就又多了几分"跨国意识"和"世界眼光"。于是，热衷于中华优秀传统文化传播的人们，便会投身于将国学精神发扬光大、将中华文化推向世界的伟大实践中。比如，"全域旅游""文化研学"等，更是通联了一系列有关文化交际、文化视听、跨国会谈乃至跨境贸易等各种彰显文化游习特质的具体实践。

（四）以多元视角熔炼文化游习价值

文化作为人类社会实践的产物，不仅反映了个体人格、民族精魂和整体生态的发展状况，也集聚了所有物质财富和精神财富，涵纳了世界观、人生观和价值观等，将自然景观、科学技术、语言文字包孕其中。从根本上说，文化是给人以自豪感和归属感并使个体或整体具备核心竞争力的灵魂因素和内涵滋养。然而我们对其进行"游习"，并不是简单的感官休闲和廉价的文化消费，而是基于差异性生命体验而不断追求完美目标的全效呈现，这整个过程既是文明时尚和旅游资源的深度契合，也是文化习得与产业振兴的高度熔炼；既是一种超然的生命个体体验，也是大众审美在实践层面上的体现。尤其是跨文化视角下的"游习"实践，意旨通过游习个体差异性的文化碰撞而回归"文旅"本源，进而为全民素养提升和长效内涵积淀注入原生动力，让游习个体不断用相异的文化视角感知文化精髓和解读妙语经典，也在各自实践价值的熔炼过程中彰显生命的美好姿彩。

归根结底，文化览胜和人才赋能是不可分的，犹如文化融合与海洋研学、跨境研学不可分隔开一样，没有素养的全面提升，哪来能力的完美晋升？高素养从文化熏陶中而来，也从认知实践中而来，而综合能力需要体现应用型和创新性，更离不开广阔视野、接续体验和反思明悟。不管是在由历史建筑和文化古迹推送而起的文化街区中、名人故居里，还是在那些极具异域风情和世界格调的餐饮时尚区、网红打卡地，构建创新生态链都成为创客思维模式下文化游习的长效发展思路。虽然中西方文化差异难以避免，但跨文化的研习实践不可缺少"品学"特质和"体悟"功效，而诸多个体的认知实践恰恰就摆在中间，成为研习实践攀登进阶的关键要素。

当然，我们不能否认，素质教育推行到今天，更加向着深具人文内涵和创新精神的应用型卓越人才培养目标迈进。因而，跨文化交际下的文化游习，其价值的得以实现，一方面要遵循语言文化学习与传播的规律，注重综合人文素养和技能提升的循序渐进性与全过程的丰富改进和持续应用；另一方面又要把握"游习者"的个性差异和不同文化间的共性特点，使其在"求同存异"中不断开阔视野、增长中外见闻，并树立起跨文化意识、发扬爱国主义精神和以国际化视野获得创新发展。

就汉语和英语两种语言及中西文化的交融而言，游习者要想真正捕获有益习得并提升内涵素养，不仅要强调国际化视野、过程性学习和体验式认知等的重要意义，发挥好汉语语言集人文性与工具性为一体的正向作用，更要基于语言文化间的差异性，在思维方式转变和文化交际能力的提升上主动"迎变"，将自我个性魅力和综合素养提升融为一体，注重在文化碰撞和内心纠结中的参与、协同、体验与探究，"不坠青云之志"地在场景应用中渐进性提升认知能力和应用技巧，并以阳光心态全面接受外界对于自身语言综合应用和跨文化交际能力的考量与评价，真正做到以开放融通的态度接纳外来文化，以全面发展的目标付诸实际行动，才会在积聚内涵、培育品格和提升技能等方面实现大的突破，最终形成自主学习和健康发展的生活常态和接续提高的良好生态环境。

四、文化游习中的审美品位提升

文化长河幽深阔远，使生命体验精臻熔炼。在对其"游习"的漫漫长途中，我们可以感受到经典美韵的文思脉动和大师之作的神思灵光，不仅增长了见识、净化了心灵，更在提高品位和陶冶情操等方面开启了"浸润灵魂"的方便之门。

（一）文化游习可激活审美品位

不可否认，文化游习，无论是作为一种体验认知理念，还是作为一种化育实践行为，都源于游习者内心所坚守的取向，也会生发出无限美好的可能。这种"取向"和"可能",就是激活一个人审美品位的原动力,久之可使游习者基于生活本真生成无限智慧和"知行合一"的创见,进而不断逐级提升审美品位。这一点,在古今中外的众多"游记型"文学作品中多有体现。

中国文化游习呈现的形式自然是多种多样,情感的抒发可以通过实地游走的美文美篇体现。而提高审美品位,则可以是借助于高科技手段的"经典咏流传",也可以通过说唱艺术将美妙乐感和场景观感尽力呈现,或者也像那些时下较为流行的"游学体验"和"研学旅行"等,倘若能够保质保量地完成,想必它们都能很好地激活游习者的审美品位。

(二)文化审美乃游习内涵指向

"撷取世间精华,享受雅致人生"是"用了心"的发现成就了好的审美品位。不论是山水丽景、遗存胜地,还是古今经典、中外美篇,都讲求源于自然本真和文理兼容,更重要的在于看重学用结合,使游习者的审美情趣融会其间,将意境之美、语言之美、哲思之美、结构之美和人格之美全面呈现。

文明只有行在路上"动起来",才能算得上"活起来"的美丽风景,所以切莫让一次次游习实践享用的"文化盛宴"丢掉内涵滋养的积淀和审美品位的提升,而使文化盛宴变了味儿!即便是在不经意间的吟咏,也要使人口齿留香,深感情思无限。这就是文化游习中的实践内涵,总会让人们在捡拾之中发现熠熠生辉的"五彩石";也在践行深处,使大家能够看见润眼养心的慧语佳言。而它们,恰恰源自游习者在潜移默化中渐进形成的审美眼光。

第二节　开拓文化繁荣格局的国际思维

文化既是民族的,也是世界的。如同中华"武学"不应有狭隘的"门派之争"一样,文化要不断发扬光大,不仅要有义理上的相融相通,也要有思想上的开放共享，以发挥其在更广阔舞台上协同、接续和滋养的共性力量。诚如那句名言："越是民族的，就越是世界的。"个中精髓在于强调尊重文化的多样性，也阐明了要实现文化繁荣需以开放式思维走国际化发展道路的道理。

文化游习包容着文化个性和共性相统一的实践特征，在实现文化繁荣的征程中促发了基于核心理念的实践功效。在创客思维模式的统领下，一个个文化游习的具体行为，更以其"小而强"的内蓄力量，展现了"大而美"的文化情怀，为民族文化更好地走向全球化发展格局铺筑了道路。这就如同小石子，也好似砖瓦块，不在意"东西南北中"的何方地理位置，更不在乎"生旦净末丑"的何种角色担当，只是在做好自己，其功效不可小觑。

具体作用如图2-1所示。

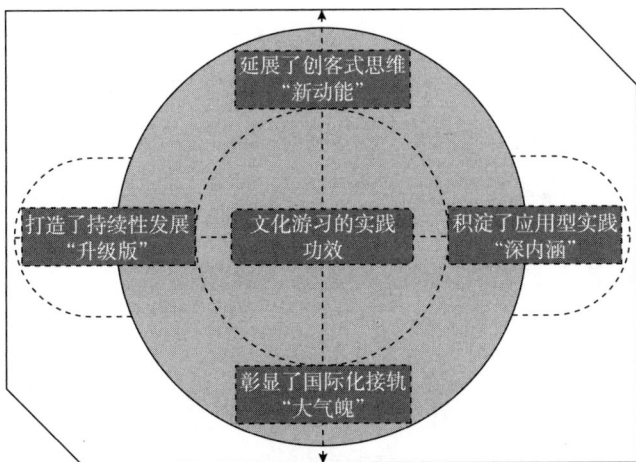

图2-1 文化游习的实践功效

一、文化游习延展了创客式思维"新动能"

创客式思维模式是一种看好前端蓄养、强调过程考核和注重接续提能的生态型体系，其实践动能也会随时随地在此体系中得到有序生发。而文化游习恰恰是一种关联知识节点、铺展可视化场景、融通古今情理和承续中西文化涵养，且极具"高大上"色彩的文化培养通道和创新实践行为。其中的每一个数字，都跃动着游习者的思想脉搏；每一处驻留，都在"一浪高过一浪"地延展着创客思维模式的动能力量，在新的时代里更被打上了蕴含文化风尚的烙印。

二、文化游习积淀了应用型实践"深内涵"

文化游习，是将对文化内涵的理解、消化和吸收，不断融入实践过程的认知体验。这正是注重"理实一体"应用型卓越人才培养的标准化要求。它不仅能够满足个体探求未知、增进学问的实际需要，也极大地符合了高效能实践模式的构建需求，以及社会化群体在各个层面上的心理所向。如通过文旅融合可以奏出充满生机的海洋之歌，可以一展生命万千灵秀之韵。它们，是融入生命基因里的文明风尚，也是统领生命机体健康成长的持久动力，无疑为游习者更好地开展应用型实践活动积淀了深厚的文化内涵，使一个个可爱的行为主体不断升华自我，也拔高了追求的目标。

三、文化游习彰显了国际化接轨"大气魄"

从宏观层面上来看，文化游习无论是作为一种实践理念还是一种认知行为，都不应是"孤岛式"设计下的"单打独斗"，而应是跨越古今、通联现实、连接未来的"大布置"，真正具有"与世界联网"的气度和胸怀，并敢于以自身的内涵深义与国际化范围内的优秀文化相媲美。

文化游习的实践植根于民族文化的深厚土壤，既有气势恢宏的声声脚步，也有细密真切的频频回望，担负着在承前启后的内涵接续和宽广视野的融合发展中将中华民族伟大精神不断发扬光大的神圣使命。这不仅要将传统文化的深厚内涵融入透析世界未来创新发展的格局，更要高擎起"古为今用"的民族文化大旗，将外来优秀文化的营养"洋为中用"，进而兼收并蓄地彰显出民族气魄和世界眼光。

尤其需要强调的是，智慧教育时代的人才培养，应基于"文化游习"内核辐射影响，将国际化视野、应用型实践和卓越式培养自然融入其中，充分发挥出中华民族优秀传统文化的引领功效，并依托交际平台，疏通文化，以专创融合为抓手高效培育人才。

四、文化游习打造了持续性发展"升级版"

文化品质和文化底蕴是永不泯灭的灵秀重彩和内涵支撑力量，文化发展的瓶颈多是因故步自封而心设的围墙，以及那些因妄自尊大而积存起来的狂傲成见。创客思维模式不囿于一方屋檐的"短暂晴天"，也不止步于一时成效的"裹足不前"。在这一模式下的文化游习，虽然不否认有"小我"的情致抒发，却也会不失时机地排斥那些"鼠目寸光"行为的阻碍和"坐井观天"眼光的隔断，以持续性发展的理念打造"升级版"的文化传承和创新品牌，谋划的是长效和全局，彰显的是创客思维模式接续发展的新动能。

当下，聚合新观念，融会新动能，坚持可持续发展和创新发展的理念，早已成为新时代内涵指引下的实践观念。文化游习只有不断地熔铸时代精神，以崭新姿态做好"有氧呼吸"，并在浓郁的文化滋养氛围中勇于"亮剑"，才有可能更好地获得生存与晋升的宏大空间。

以我身居的城市青岛为例，这座中国北方最为年轻滨海城市之一的"山海岛城"，不仅依山傍海，风光秀美，而且气候宜人、人文鼎盛。这个昔日被称为"胶澳"的地方，目前已成为国际海洋科研教育中心，不仅驻有中国海洋大学、中国石油大学、青岛大学、山东科技大学、山东大学青岛校区、北京航空航天大学青岛校区等高校，也有着"中国帆船之都""世界啤酒之城"和联合国授予的"电影之都"的赞誉。如今的青岛，啤酒城堡蝶变成了滨海城市时尚的新地标，名人故居洋溢着齐鲁风范的人文内涵，"旅游+"时尚成为文化游习蓬勃的实践动能，更有海洋文化丰富着人们不断充实的文化生活。一时间，文旅融合、观山踏浪、对海放歌、沙滩游学和科创融教等卓显岛城特色的时尚元素，填充了人们本就丰饶的精神世界。青岛自 1994 年获批为第三批国家历史文化名城以来，文化遗产不断丰富，历史底蕴逐步增厚，现已形成全域统筹、规划引领和以基于总体、专项、详细三步走为主要内容的名城保护"青岛模式"，并在全国率先建立了名城保护利用实施评估体系。这不仅有利于全市文化街区的协调发展，更推动了古村旧道的活泛利用，深层次地实现了护城、卫海的"全覆盖"。

可以这么说，当行走于"无人农场"里，我们作为"游习者"，不仅能够体会田园风光的清新，体验谷米果蔬成长的过程，更品鉴了农耕文化的质朴和科技创新的佳美实效；当徜徉在魅力山海间，我们作为"游习者"，不仅可以领略到海阔天空的胸襟，体悟出蔚蓝海洋的文化深蕴，也可以触摸到生命本体的无限魅力；而当沉醉于诸多"文化交际"中，我们作为"游习者"，更应当突破"小我"局限，展现"大家"风范，视野宏阔、境界高远地定位自身文化传播者的角色，在文化交流中发挥实效作用……

由此，我们可以肯定地说，"文化游习"实践要以开放胸怀接纳广阔思维，通过实践动能牵系内涵深蕴，并不断地树立起品牌形象，不再让"一城之岛"沉寂于"一岛之城"，而是借助于文化传播的威力和文化游习的效用，使它真正地走向世界，迈向未来。

总之，文化游习在创客思维模式下不仅更加有效地承继着古今文化内涵，传承着圣贤之道并注重着身体力行，也以舒放型思维走出了以往那一片狭小的天地，而为游习者的自我研习提供了内涵支撑和智力支持，以及生态型体系架构的重塑思路，也为不断地促进文化繁荣使其走向国际化的大舞台，谋划了更为高端的发展格局。

第三节　文化游习原创的通联实践价值

作为践行"知行合一"理念的实据凭证和"成文见志"的"心灵鸡汤"，文化游习原创之作不仅是游习者"自能量"的多重汇聚，也成为不断惠及众人的"他能量"。二者的合力迸发使万物通联，情理畅达。撇开文化游习原创内在的文法要求和篇章技艺不谈，单就其相关的通联价值略作表述。

一、在物在人在心境

文化游习是游习主体自身的心智所向，也彰显了时代文化风尚和内心认知诉求。可以说，作为一种文化实践行为，它存在于世间万物的"心境"之中。人为万物之灵，他们正是在不断营造心境的过程之中，完成了文化游习的诸多实践。具体如下所述：

（一）创设"场景式"

从某种意义上讲，心境即内心搭建的场景，任其玄妙，皆成丽景。场景可大可小，不单单是句点的连接、文字的妙传，也可以是情绪的蔓延、韵味的顺接。自然而然地，文化游习营造了文化存活的空间和氛围，它基于某一个核心点或是文化景观，再现甚或创设出文化游习个体自我认知和情感释放的实地场景，是一种"有进有出"的航道通联和丰富认知体验的场域创建。

（二）留存"画面感"

《左传》中曾写道："言之无文，行而不远。"尽管文化游习不能单靠看似虚浮的"文采"和渐进入深的"体悟"呈现，却也极其需要一种令旁观者印象深刻的"画面感"，以避其乏味和失真之感，进而为实现自然景观、人文风范的"真彩描摹"和"实地感念"做好铺垫。

（三）绘出"真之彩"

古人云："读万卷书，行万里路。"文化游习者对于文化本身的感知与体悟，需要细细咀嚼，品味一字一句；也需要行走观瞻，看遍千山万水。如此，哪怕再笨拙的手，倘若用了心，也能绘出"真彩"和"原色"，不愁没有美言佳作。

二、是雨是风是闪电

对于任何一位文化游习者而言，其所经历的一切都只不过是沿途遭遇的不可多得的真实体验而已。它们可以是行走中的见闻，可以是留驻间的思考，也可以是歇停之后心智的越发成熟和心路历程的"再出发"。而雷霆有万钧之势，这里的"雷霆"，便是真正意义上的文化游习心得和向学进知的感悟，不仅因人而异，也因时而异，而非拾人牙慧的泛泛之谈。

（一）渗透与滋养

文化的渗透和滋养需要一个漫长的潜移默化的过程，不可一蹴而就。这种渗透，不仅影响到个体对文化内涵的解读，也提升了其相关认知能力；这种滋养，不仅是个体在亲身体验之后的简单模仿，也在深层次上引发了诸多融合功效。此后，它还需要一个实地验证和内心比对进而升华认识、反观后效的个性化认知过程。由此可见，文化游习原创实践因之很难在朝夕之间得见实效。

（二）劲爽与通畅

就文化游习者而言，其认知关键在于打通游习过程中遇到的诸多未知关节。而他们内心的苦闷，却源于一切心理上的堵塞和情感上的彷徨。文化游习原创的初衷，恰恰就在于能够满足个体心理获得感的真实需求。这种内在"劲爽"的需求极具个性化色彩，其终极目标是要实现文思聚成一体和情理归于一处的自然"通畅"，不可能通过"完美人设"和"遍铺地毯"的方式达成心愿。

（三）憬悟与永恒

憬悟是心胸豁然的终结地，也是得获新知的熔炼场。文化游习原创是一个历经了苦闷挤压、沉思凝聚和胸臆畅达的情感认知不断深化和完善的过程，其井喷式的"豁然"和"心流"效应，就发生在一瞬间；其突如其来的"共识"，却需要一个极其漫长的消化、吸收与体验的过程，很多时候都是说得出，却未必能做得到。所以，这里的"憬悟"，指的是"一瞬的永恒"，是架在中间的，是认知的不断深化和实践的反复验证。这一点，更加证明了文化游习重在"习"而非"游"的内涵深意。

三、留声留影留余情

文化游习原创的通联功用，着重于有效联通和心念落地的实效，而绝不是简单的"外形"连接和表面化的语义传达的。在内外通联、实效续延和韵味深传等方面，文化游习原创始终充当着留声机、放映机和演播台等多种角色，可谓功不可没。

（一）心声与对话

文化游习原创不是单个渠道的"自言自语"，更不是濒于死角的"自圆其说"，而需要进入一个产生共鸣和进行反馈的"双通道"畅谈与有效循环过程。由此，心声的抒发和对话的衔接便显得尤为重要。文化游习者应在行走中有所创见，并乐于体验和勇于分享，通过"沉浸式"体验获得认知上的升华和思想上的精进。

（二）影像与续延

绝妙的影像离不开画面的生动呈现，其剪辑不可规避细节，不能断章取义，更不要生搬硬凑和混搭。因而，这里尤其需要注意文化游习原创的实践价值续延，切莫贪图一时之快而使之遭到不必要的贬损。在此方面，更重要之处在于文化游习原创背后是否有真正能够惠及他人的"正能量"生态体系接续构建作为支撑。

（三）情致与余韵

情致既是文化游习者综合素养的自然抒发，也是对其游习实效最好见证的抽象表达。然而，若游习原创只是局限于个人情致的抒发，而无通联广远层面的创见，则势必会陷于"孤掌难鸣"的尴尬境地，即便情理犹在，余韵却丧失殆尽，自然而然成为"鸡肋"，毫无生机可言。

基于以上内容，现结合"游习者"张子萌的亲历体验，提供一篇题为《"彩云之南"独行记》的案例，具体如下：

人这一生总要去一趟云南吧！在我的十九岁，在2022年炽热的夏天，我开启了人生中第一次"说走就走的旅行"。

我知道一个人出行，特别是女孩子，很多家长是不赞同的，或许你想问我是怎么样说服父母的。但真实情况是，这件事完全是爸爸来说服我的。起初，我是没有胆量一个人出行的。爸爸说，一个人的旅行才算是真正的长大，更能体验到不一样的快乐。这一路下来，也的确是这样的。

就这样，我前一天订好票，第二天就踏上了征程。

到达"春城"昆明的时候，已经是下午了。我选择了住在景区附近的一家民族风格的客栈，这样到各个景点骑共享单车就足够了。晚上，我去了公园，附近特色美食可谓应有尽有，让我大饱口福。第二天，我动身去了西山滇池。滇池有着"高原之珠"的美誉，若是在冬天来，可以看到从西伯利亚远道而来的红嘴鸥。但现在的滇池是没有海鸥的，所以我便直接坐索道跨过滇池。越过滇池就是西山公园了，山上后径直向灵虚阁方向出发。在这里，你可以把整个昆明和滇池尽收眼底，真真切切地感受到"春城"之美以及滇池的宏伟。下山的时候，会经过龙门石窟。这是整个西山的精华之所在，更有着"一登龙门身价百倍"的赞誉。据说，摸一摸龙珠是会给游客带来好运的。

在滇池附近，便是民族村。幸运的是，我遇到了一位考研结束的学姐，于是我们结伴而行，一人变两人。每一个民族在这里都有一个山寨，不同的山寨各有特色。我也租赁了一套苗族服装，听着服饰上银器相互敲打的声音，才真正明白了何为"中国美"。

第三天早上，我从昆明坐动车前往丽江。在丽江，我选择住在古城里面，相比外面可能会有一些喧嚣，但胜在"便捷"上，特别是独自一人出来的女生。晚上在古城里逛累了就可以直接回到客栈，也比较安全。

我想，既然来到丽江，总要去爬一趟玉龙雪山吧！只是，当时我准备得不够充分，到丽江的时候已经是一票难求了！好在客栈老板非常热情，联系朋友帮我抢到了六人团票。与其余五人一同上山，相互也能有个照应。云南地处高原地区，日照时间长，直到晚上八点钟才夜幕降临。夜深的时候，一个人去走一走古城里的青石板路，坐在台阶上听一首关于自由的民谣，也许这就是丽江该有的样子吧！

翌日，天不亮我就动身去了玉龙雪山。丽江的纳西族人将其视为丽江的灵魂，是他们心中的神山。它也是国内唯一一座允许攀登的雪山。玉龙雪山终年被大雪覆盖。暮雪纷飞，犹如一幅美丽的画卷。特别是山脚下的蓝月谷，湖水是近乎透明的蓝色，四周绿植环绕。远处雪山背衬，人行其间，仿佛置身于仙境。我不禁感慨大自然的鬼斧神工——简直是我的梦中"情湖"！

看完蓝月谷后，我们六人一同坐上索道，从海拔3000米直升到了4500米的高度，在十分钟之内感受了四季的变化。如果要到达海拔4680米的顶峰的话，剩下的一段路是需要自己爬的。登顶后，我看到远处的天地连成一片，看见温柔的云雾缭绕着冷峻的雪峰，也不禁与自然对话，向雪山诉说心中所愿。心想着：云与山相连，山与云成画，世间美景，也大抵如此吧！

再之后，我又去了大理。之所以先去丽江，后去大理，是为了体验一把坐在动车上看洱海的快乐。客栈我选择在"才村码头"，早上可以睡到自然醒。当我拉开窗帘，看到清晨的第一缕阳光洒向苍山，晶莹闪烁，尤为壮观！于是，我租了一辆自行车环绕洱海，尽情感受属于云南"慢节奏"的生活状态。"苍山不墨千秋雪，洱海无弦万古琴。"——或许幸福就是这样吧！

到了下午，喝一杯老板娘泡好的茶，逗一逗客栈里的小狗，爬上天台感受太阳一点点地掉进苍山，到楼下吃一碗特色牛肉米线，喝一袋咖啡，品尝奶香味十足的烤乳扇，夜幕降临时，再去大理的古城体验风花雪月，在古色古香的街道里漫无目的地闲逛……就像那句话说的那样——如果生活不如意，那就来一趟大理吧！来感受一下这云卷云舒的诗意生活……

要问我一个人旅行的意义，我会说："它让我独自一人见识了山川河流，雪山湖泊；让我接触到了那些完全在我社交圈之外的可爱的人们……"

也不必再听别人讲述云南了，我自己就是讲述云南的人！与其说是我一个人去看世界，倒不如说是世界一直在等着"我"。尽管在陌生的城市里游走，孤独在所难免，一旦你能在这种氛围下顽强地生活下去，并习以为常，在今后的一些磨炼中也必然能够从容地面对。所以，我想说，你不妨大胆一点，趁着年轻，多远行，青春就应当是勇敢而热烈的！

总而言之，文化游习原创通联了"四海八荒"、描摹了"东西南北"，续接了"美意诚真"，当然也舒展了思维触角、创设了文化场域。其强调"习用"的内核要求，完全符合"学以致用"的知行圭臬，是所有文化游习者需要掌握的精髓之所在，也为一切的游习实践指明了方向。

第三章　体验认知的模式

中华文化游习力的形成是真实性的体验认知模式，主张通过"构建相关性和情境化的学习体验，释放学生的激情，展现学生的兴趣和特长"（托马斯·C.默里，2022）。激情随着智慧教育日益成为信息化社会的产物，体验式认知也借助于"互联网+"技术平台越发散发出睿智光芒。这便促使此背景下的应用型卓越人才培养更加借力于新一代信息技术的助推作用，将专业品质和综合素养"生发于外"。鉴于新时代物联化、智能化、感知性和泛在性等特征对于应用型卓越人才培养所提出的更高要求，构建契合于时代发展快节奏和社会职场新需求的适用模式，便显现出非同一般的实践价值。本章内容从解读应用型卓越人才的基本概念和素养诉求着手，基于内涵提升的根本需要，从多个维度对体验式培养模式、实践路径等进行了分类引介和实效呈现。

第一节　应用型卓越人才概念界定与内涵解读

作为与技术技能型卓越人才、学术型卓越人才和研究型卓越人才相对的概念，应用型卓越人才这一凸显非凡的专门化特质和综合性素养的人才类型，其具体内涵随着高等教育的创新发展，也在相应地发生着变化。在新时代，这类人才既是应用知识的主体，也是在实践过程中不断熔炼和生成高水平创新成果的主要人群。

一、应用型卓越人才概念内涵解读

总体来说，应用型卓越人才指的是那些能够将专业知识、应用技能和综合素养融为一体的高素质、专门化、技能型人才。其概念，应源自人们对于技术应用型、知识应用型和创新应用型三个层面的细分。因其"卓越"的特质，也在专业品质、内在品格、学习能力、岗位技能、团队合作和协同创新等诸多方面提出了更高的要求。

从深层次分析，应用型卓越人才绝不是只停留在理论认知层面的"死心眼儿"，而是那些掌握了娴熟技能且有着良好参与感和活泛创新力的"实战派"。这类人才之所以"卓越"，是因为他们大多有着扎实的基础知识、较好的环境适应性、积极向上的心态和超强的团队合作意识。

二、应用型卓越人才素养提升诉求

吉姆·柯林斯和比尔·拉齐尔（2022）认为，"卓越"，需要初期的建造和持久的培育。由此可见，"卓越"确切指的是超越了一般性"优秀"的出类拔萃，而非站在一定高度上的"心满意足"，它需要不断地追求高标准和实现新愿景。2022年5月，我曾对青岛某应用型高校的本科生进行过有关卓越人才区别于一般性优秀人才的问卷调查。数据表明，认为卓越人才区别于一般性优秀人才包括良好的学业成绩、创新创造能力和团队合作精神的占比为93.6%。按照吉姆·柯林斯的观点，评定"卓越"的三个标准分别为超越平常的业绩、卓尔不群的影响和接续长久的发展。我则进一步认为，如若将其放在文化游习的视域下，和应用型卓越人才培养相结合的话，它其实就是一个从文化基因培育到综合素养提升再到实践技能产出的体验式和融合式过程。

应用型卓越人才作为非同一般的"优秀人才",需要具备较好的实践应用能力和专创融合素养。在当今时代,此类人才更被赋予了新的价值解读,不仅是指那些只具有一定文化水平且懂得适时应用的专门化人才。随着创新日益成为全球化风潮,应用型卓越人才也与学术型卓越人才明显区分开来,不仅更加强调了创新应用能力和"敢闯会创"素养,良好的国际视野和超凡的跨界能力,以及强大的心理素质、卓越的团队精神,也都成为此类人才必备的品质。

由此,对于应用型卓越人才培养而言,研究者需要进一步明确其概念的界定,并在内涵上不断深化认知,以此适当地拓宽外延,基于核心素养的提升诉求,进一步探索实用性强、认知度高的教育模式和实践路径。

第二节 应用型卓越人才培养模式的分类引介

应用型卓越人才的培养是一个系统化工程,分门别类地对其进行模式构建,有助于实践者站在新的高度审视自我,并基于时代发展的需要和人才培养的实效进行适应性调整,以进一步触发创新思维,为深层次完善应用型卓越人才培养体系做好铺垫工作。研究发现,国外的应用型卓越人才培养"已经形成了一些相对成熟的模式,如以德国为代表的双元制教育模式、以美国为代表的能力为基础(Competency Based Education,CBE)的教育模式、以英国为代表的现代学徒制教育模式以及'产学合作'教育模式等"(吴国玺等,2022)。这无疑为国内的应用型卓越人才培养提供了借鉴。现主要结合国内研究现状,对相关模式的分类做出引介。

一、传统型人才培养模式

传统型人才培养模式,由于受到多种因素的制约,大多偏重于课堂理论知识传授，而缺乏真实场景的技能应用和接续提升。实践证明，因传统观念的长期束缚，建立起来的应用型卓越人才培养模式，只是停留在相对意义上的概念理解和常态化的思维架构层面，并且"以课程为载体的传统育人模式往往过于主观化、缺乏创新、流于表面，难以引起学生情感共鸣"（朱沛华等，2021）。由此，便不可避免地会影响到高素质、创新型人才的培养成效，而在生态体系的构建上缺失太多的应用型和卓越型元素，更难发挥聚合发力、进阶提升的总体功效。随着创新思维的不断拓展和信息化平台的逐步延伸，人才培养的观念也越发需要"改头换面"，传统型人才培养模式自然会受到创新思维的强烈冲击，从而越来越明显地倾向于"卓越型"升级、"全素养"培育和"可视化"评价。

二、创新型人才培养模式

作为一个相对模糊的概念，创新型人才培养模式具体应包括所有具备创新思维、创造精神和创意品质的高素质应用型卓越人才培养的践行模式。此模式不仅注重文化内涵的挖掘、专创融合品质的培养，也倡导体验式、融合式和协同育人理念，将知行合一、理实一体融入具体实践环节，并力求发挥文化游习的内核辐射功效，将"卓越"真正落到实处。

现对综合涵纳了文化内涵积淀、理论实际应用和协同创新发展等核心要素的"四文化"融合育人模式进行详细解读。首先，深入开展国学教育，坚持以中华优秀传统文化"培根育人"，基于其深厚滋养功效和国学基础教育的广泛引领作用，打造极具信美品质的中华优秀传统文化育人实践平台，锻造齐鲁施教卓越团队和中华诗词培训基地等，以求力达"惟德惟能，止于至善"的境界；其次，施行雷锋精神教育，以红色文化"铸魂育人"，将学雷锋活动融入常态化实践教育，打造红色文化育人平台和高素质人才孵化基地"升级版"，聚力特色思政，不断进行模式创新，也为文化育人实践把好关；再次，注重综合素养提升，以工匠文化"实践育人"，精心打造由文化培育中心、技术研发中心、科技创新工作室等构成的"大国工匠"实践育人平台，坚持学以致用，理实一体地培育德艺双馨、技术精湛的新时代工匠；最后，加强创新创业教育，以创新文化"协同育人"，不仅要发挥众创空间、就业创业孵化基地等专创融合、产教融合的综合作用，也要将科创融教、知行合一理念贯穿于育人实践的全过程，构建校政行企"四方"聚合联动、内外协同育人"双效"提升的创新教育实践模式。

综上所述，若将应用型卓越人才的培养与文化素养的提升在实践上做具体而深入地融合，就需要基于文化游习视域，发扬"四文化"融合育人特色，着力构建和实施真实场景所托举的实践育人模式。这种模式，不仅注重实用性、推崇体验认知，更强调文化融合、倡导全球化和讲求创新应用，是很值得深入探究的课题。

第三节 应用型卓越人才体验式培养模式实践

在智慧教育时代，应用型卓越人才培养实践根本离不开专注精神、匠心文化的锻造和熔炼。作为中华优秀传统文化的重要内核，匠心文化因其注重体验、坚守初心和讲求实效，成为素质教育的文化根脉与不断增强实践教育自信力、辐射力的源泉，有助于弘扬和传承自强不息的民族精神，为打造优质化应用型卓越人才培育新高地提供了内涵滋养和不竭动力。

"学生的素养生成难以一蹴而就，需要不断强化与消化，才能转化为持久且内在的素养品质"（管毓宽等，2022）。因而，素养的强化和提升需要一个循序渐进的过程，应将文化软实力、科技硬实力和创新应用自然而然地融入人才培养实践体系当中，充分发挥专业精神、匠心文化和创新品质的协同价值，不断夯实高素质应用型卓越人才培养的文化根基，唤醒应用型教育踏上文化内涵引领实践应用的新征程。本着核心力量高效融聚、先行先试思想的强力推进，应用型卓越人才培养，在这里更加体现出"知行合一"的理念融通，而成为"理实一体"能量的同源聚合，也是新时代智慧教育体系带来的"红利"。归根结底，它根本离不开得见实效的具体应用和经验积累。实践证明，唯有通过高效发挥平台联动、场景体验作用，"应用型"才会不断地"行在路上"，而"高素质"也才有可能被更多的人"看在眼里"。

一、基于敢闯会创素养提升的人才培养

体验式培养模式"通过多种体验途径，强化学生的参与意识，从而引导他们积极关注身边的事物，有自己的思考和感悟，并将情感体验转化为实际行动"（胡嘉怡，2021）。

创客是极具创新意识、创造能力和创意品质的实干家与冒险家。创客思维模式摒弃了妄自尊大的豪横、坐井观天的狭隘和畏缩不前的怯懦，将体验认知、实效生发和场景应用等联系并拴到一起，使一切实践行为都有了依附，也让所有核心素养都终有所用。

二、基于文化游习内涵滋养的创新教育

高质量培育应用型卓越人才，需要着力构建基于素养提升和技能应用的教育体系，在此过程中，不脱离于中华优秀传统文化的根基，并以之为创新的源泉，应作为第一核心要务。由此，千方百计地进行航道拓展和路径延伸，便成为文化游习攻克"阵地"的创新实践取向。尽管在教育实践中，多种文化间的碰撞不可避免，多种场景的融合不能规避，游习者也不能漠然视之，甚或畏惧不前，而是应该力求突破"瓶颈"问题，以"深内涵"渗透创新教育全过程。

三、基于体验认知模式构建的赛教导引

体验式认知模式是一种通过实践体验锻造"精真内核"的卓越思维。这

种思维模式注重探求，总是能催人奋进，不仅让实践者时刻牢记"生于忧患、死于安乐"的训诫，也时常督促着他们要不断地精益求精和超越自我。这种思维模式对于应用型卓越人才的培养而言，算得上是一剂良药。时下，以赛促教已成为应用型卓越人才培养的定势和强势，体现在应用型卓越人才培养体系中，就是夯实专业知识，使应用技能在实践检验中发挥到极致，以实现从"平凡"到"卓越"的跨越。加之赛教导引需要"理实一体"的文化素养和跨界能力，教师的理论水平和实践能力缺一不可。比如，商业精英挑战赛，基于专业、行业和产业应用需求的商务英语翻译大赛，以及与各个专业、学科相结合的创新技能大赛，着重考查的都是真实场景中的实际应用能力。这也充分说明赛教一体化在应用型卓越人才培养体系架构中的分量。诚如一切理论都要在实践中加以验证才会更加富有生命活力一样，做好赛教导引工作，为高素质人才培养指明鼓劲扬帆的航向和挑战自我的突破口。在此过程中，创客的那种一战到底和不怕失败的精神品质弥足珍贵，其思维模式更为应用型卓越人才培养灌注了坚韧不拔和迎难而进的高贵品质。

四、基于体验成果接续转化的体系构建

强化中国文化游习体验认知，并依此建立体验成果转化的接续体系，有效地避免了"让体验成果止步于个体层面，无法转化为常态长效举措，或导致转化中的主观臆断、师心自用"（曹现强，2022）。在实践层面上，应用型卓越人才"体验式"培养模式的建立，实现了人才培养基层组织治理的直观性和简约化，在解决认知痛点和应用难点等方面更便于产生情感交流，提升了参与者的满意度和认同感，有利于正向打造"接续推进"和"高效提升"的成果转化体系。

五、基于体验认知高效评价机制的研究

体验式认知能力的提高，不能只局限于自我的"心知肚明"，更要建立起

高效能、长效性和科学化的评价机制，以宏观视角和长远眼光为提高应用型卓越人才培养质量提供可靠保障，以便"真正形成即时性、有效性的实践教学评价反馈机制，确保实践教学持续优化，才能够为高校应用型卓越人才的培养目标奠定坚实基础"（逢博和陈光，2022）。

具体如图 3-1 所示。

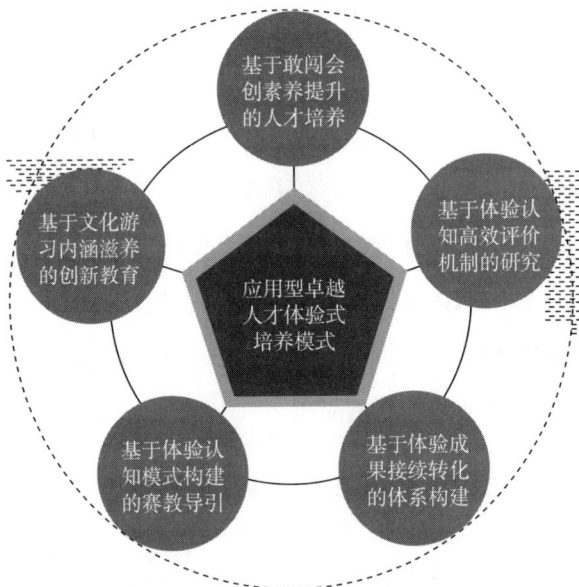

图 3-1　应用型卓越人才体验式培养模式

综上所述，应用型卓越人才体验式培养在模式构建上遵从于场景体验和理实一体，在素养提升上要求"敢闯会创"，在具体实践中倡导以赛促创，并主张形成成果接续转化和高效能评价机制。然而，基于中国文化游习内核的应用型卓越人才体验式培养，还需要紧密结合教育的科学规律、学生的认知心理以及创新发展的融合式链条，做出进一步的探索并予以实效验证。

第四节　应用型卓越人才体验式培养路径探究

应用型卓越人才的培养，在新时代人才培育体系构建过程中凸显出实践引领成效。本节内容坚持以问题为导向，从青岛西海岸新区人才培育中出现的"瓶颈"问题着手，基于共性分析在具体突破思路上提出了一己之见，并明确指出具备国际化视野、掌握应用型技能的应用型卓越人才培养，必定成为助力"创业型"智慧城市全面建设和实现经济腾飞的国际化元素与航道新动能。值得一提的是，我主要结合自身所处青岛西海岸新区的区位地理优势与人文内涵底蕴，多方面提供了极具区域特色且较有针对性的应用型卓越人才培养路径。

一、应用型卓越人才培养的时代背景和瓶颈问题

智慧教育时代为"先行先试，善作善成"的青岛西海岸新区进行实践探索和锐意创新提供了平台支撑和技术导引。作为我国第九个国家级经济新区，青岛西海岸新区以其海洋科技引领、影视文化融创、军民融合示范和国际合作发展等国际化目标定位，为山东半岛蓝色经济实现综合跨越发挥了自身实际功用。为充分利用智慧教育资源，新区不仅勇于担当，敢于突破常规思路，也基于国际化高技能应用型卓越人才的培养模式构建，凝聚成集科技创新、文化创意和互联创业为一体的精真城市内核和智慧发展基地。其间，应用型卓越人才的培育，无疑在践行思路上为西海岸新区的全方位发展提供了"智化引领"的核心动能，也在更大范围内激发着更多的研究人员投身于力推新区卓越人才培养的适用模式和可行路径研究。

教育的信息化使智慧教育成为现代化城市育人实践的导向，它借助于数字

技术、网络平台和智能手段，不仅推动了开放式、共享型资源的高效利用，也以现代化育人理念改变着传统模式并创建区域性、特色化教育体系。

青岛西海岸新区具有承继优良文化传统和勇立创新实践潮头的底蕴与特质，尤其是自 2008 年北京奥运会青岛承办帆船赛和举办上海合作组织青岛峰会以来，持续培养极具跨国交际能力的卓越人才已成为全岛城人民的共识。然而，极具专创融合精神和实践技能的应用型卓越人才，其培育除人所共知的瓶颈问题之外，还存在着些许区域发展稍显缓慢、联创动力略显不足的问题。西海岸新区人民虽然信心百倍、干劲十足，却仍需要在综合性人文素养提升尤其是以文化内涵张力助推国际化合作发展方面，打开更为外放的窗口，并加大深层次实践的力度。

基于此，在应用型卓越人才培养上，人们应该把坐标适度放大，敢于直面自身的不足和与外界存在的差距，不断提高创建标准要求，并勇于接受未来的全面挑战。

二、国际化视野下应用型卓越人才培养路径刍议

进行应用型卓越人才培养，需要具备开放融通的国际化视野。以青岛西海岸新区为例，这座海滨新城集聚了"学深圳、赶深圳和超深圳"的闯劲，基于自身优势有效借力多方平台作用，可以作为以国际化视野尝试探索应用型卓越人才培养路径的典范。

（一）力据新城优势，瞄准区域发展需求，打造国际化实践平台

以青岛西海岸新区"创业型""智慧型"城市建设为契机，基于"敢闯会创"能力的提升，谋求更为广阔的跨界思维，实现上下联动、内外一体打造创新平台。充分利用本地区域作为国际经济合作区、中国青岛自贸区、东部智化工业园区、省级现代农业高新区和青岛灵山湾影视文化产业区的建设资源和发展优势，使专业融合，将产业聚合，并让行业汇合，通过开放通道连接新区国际化发展的新航道。

（二）布局产业集群，聚焦创新素养提升，推进应用型人才培养

契合应用型卓越人才培养的市场化需求，定位于新港产能的平台化创建，并借力于青岛灵山湾文化产业园区发展的高端布局，将国际化、特色化的人文内涵和创新素养融入青岛海洋经济优势产业、世界级文化融创产业高地、大数据产业基地、国际商贸物流中心和山海渔村生态园区等一体化、集群式标杆品牌的打造之中，以充分展现西海岸新区国际化发展的新格局，以新举措培育应用型、复合式、高技能人才。

（三）倡导文化融合，实现多元协同育人，实施项目化教学模式

整合青岛西海岸新区文化、科技和教育资源，坚持以学生全面发展为中心、以应用能力提升为导向和以科技成果转化为动能的模块化课程体系，通过实施任务驱动型的项目化教学模式，夯实工作室制人才培养根基，打好校政行企协同共进的"组合拳"，并做好提质、实效增进与产出外输工作，建设一批贴合新区实际的一流金课课程。如坚持校企一体的科创导向与协同育人机制，将"互联网+""外语+"思维融入各学科专业体系，加减适当、践行有力地培养敢于争先、能创未来的高素质人才。

联通跨越未来，集群方能共生。在智慧教育时代，应用型卓越人才培养不仅践行着现代化育人的理念，也融合了信息化技术的精髓，在不断地创新实践中更加坚持与时俱进。青岛西海岸新区应充分发挥自身作为灵山湾影视文化产业区、青岛自贸区、国际电商示范基地、国家级经济循环示范区和国际经济合作区等的综合性、智能化实践功用，在应用型卓越人才培育的高远格局和实效路径上下功夫并实现新的突破。此研究应时之需，瞄准"招才引智"并强力发挥平台联动、载体联通等作用和高端智库的核心引领作用，势必会在新时代为应用型卓越人才的培养提供"智化补给"的良方，也为在更广阔的空间内科学化构建应用型卓越人才实践育人体系提供借鉴。

第五节　应用型卓越人才体验式培养典型案例

应用型卓越人才培养的相关模式和路径探索，皆来自实践。其"体验式"培养的诸多案例，不仅遵循了重理论基础和实践验证的原则，也在反馈、复盘和接续式改进上凸显了自身特色和实践功效。本节内容主要结合山东省内尤其是青岛本地的应用型高校人才培养现状，从工作室场景下的项目化驱动、文化自信视域下的虚拟教研室建设和基于文化游习的专业集群构建三个方面进行简略的案例解读。

一、工作室场景下基于项目驱动的应用型卓越人才培养

应用型人才培养本身就提倡注重营造实践场域，以真环境、真项目、真体验来提升学生的认知水平和创造能力。创设文化创意、科技创新等形式的工作室场景，是体现应用型人才"卓越性"的尝试性探索，并经过实践验证，积累了一定的经验。随着相关成效的凸显，工作室制人才培养也在一定程度上引起了更多教育工作者的关注。

实践证明，项目化驱动是一种值得推介的做法。鉴于"文化游习"属于深寓内涵、强化实践且注重应用的创客思维模式，倘若离开了"真实体验"，应用型人才培养便成了一句空谈，而所谓的"卓越"，也就会更加难以实现。基于此，对于创设工作室载体、营造实战场景并将企业真实项目纳入应用型人才培养全过程的做法，便越来越被研究者看重。

以青岛黄海学院为例，这所应用型建设高校近年来坚持以工作室为内涵发展的基层实体组织和实践育人载体，深入打磨集聚内涵、注重体验且体现创新的工作室制应用型卓越人才培养模式，并积极发扬以中华优秀传统文化培根育

人、以红色文化铸魂育人、以工匠文化实践育人和以创新文化协同育人的"四文化"融合育人特色，不断深化改革，上下联动、全员参与打造高水平文化推广项目，取得了明显成效。学校现已出版工作室制人才培养相关著作4部，立项省级本科教改课题3项。2022年3月，学校深挖文化内涵，锚定"儒魂商才"素养提升目标，基于工作室建设成效，申报了"'学院+产业园'融合机制下基于工作室的跨境电商人才培养实践"成果，荣获山东省第九届教学成果奖（高等教育类）二等奖。2022年3月1日，学校成功获批2022年度国家艺术基金传播交流推广资助项目，通过开展"大河滔滔"黄河文化美术作品展的形式，将4000年黄河文化的总体面貌与黄河文化旅游带的艺术特色从区域性推向了全国，有效填补了黄河文化全域性巡展的空白。截至目前，学校已为社会培养了14万余名应用型人才。

二、文化自信视域下虚拟教研室建设的模式和路径研究

围绕"立德树人"根本任务，坚持思创融通、资源共享、中西联动和融合创新的理念，不断深化和延展文化自信视域下的虚拟教研室建设模式和路径，已成为当下应用型卓越人才培养的新型探索。

"虚拟教研室是'互联网+'时代基层教学组织建设的一种探索"（战德臣等，2022）。在这里，它不仅是指那些打破了原有教研室格局的灵便性组织，其实践价值在于通过强化文化内涵建设，更加注重构建能接地气且服务效果较好的教育教学创新模式。确切地讲，"高校虚拟教研室是指在'智能+'时代背景下，以立德树人为根本任务，以提高人才培养能力为核心，以现代信息技术为依托开展跨专业、跨学科、跨学校、跨地域的线上线下教研活动的新型基层教学组织"（刘雨，2022）。由此，虚拟教研室建设恰恰打破了固有的"形壳"束缚，将重心放在了内涵发展和能力提升的创新思路上，不仅更加强调应用型高校高素质人才培养的核心职能，也突破了基层教学组织的时间和空间限制，从而为应用型卓越人才的培养提供了新的参照路径。

探索"智能+"时代新型基层教学组织的建设模式和有效路径是未来应用型卓越人才培养的必由之路。要做好虚拟教研室建设，首先，应以"立德树人"为根本任务，树立素养提升、能力培养的核心目标，依托信息化技术平台，构建行稳致远的教研室载体，夯实基层教学组织的根基，回归高素质应用型人才培养的初心，体现高等教育的价值意蕴。其次，要遵循注重体验、多元构建和协同发展的实践原则，广开渠道探索有效路径，理实一体推进落地实施，共建共享优势资源，全力打造出优质化、高效能的应用型卓越人才培育实体组织。

在此，同样以青岛黄海学院为例。该校坚持线上与线下相结合，做好"互联网+"平台赋能教研形态升级和师资团队建设工作，不断提升"双线"教研的内生动力，基于已建设的大学生就业创业孵化基地和大学科技园、数字经济创新创业园、青岛影视文化产业园等"一地、三园"综合成效，有序连接雷锋纪念馆、中德生态园、新时代红色文化实践教育基地等多个思创融通社会实践基地，以此谋求基层教学组织创新和可持续发展的新机制。2021 年，学校申报"应用型大学虚拟教研室组织创新与可持续发展研究"，获得省级本科教改项目重点课题立项。

实践证明，"虚拟"的构建思路也能够带来绝佳的认知体验。除科学健全、公正合理、正向激励的顶层设计和管理机制外，虚拟教研室的建设更多需要的是实施和推进真正能够实现文化接续滋养、资源优势互补和平台高效联动的行动方案。

三、中国文化游习视域下专业集群构建及实践成效验证

应用型卓越人才培养是一个内外逻辑分明、上下联动高强的系统化工程。鉴于专业集群建设是应用型高校内涵建设的关键，文化游习便成为理实一体推进此工程实施的实际抓手。因为卓越人才的培养离不开不断攀升、逐步进阶的优质化实践模式，现以此为目标，就如何基于文化游习构建专业集群作出案例

解读，并对其实践成效加以验证分析。

应用型卓越人才培养的"痛点"和"软肋"，大多集中在人才培养与社会职场岗位的"不适应"上。究其原因，大概包括职业素养低下、实践技能欠缺、创新能力薄弱等方面。以上无法体现应用型人才"卓越性"的原因，归结为一点，就是没有在实现"立德树人"根本任务上下功夫，以致所育人才极度缺乏知识迁移能力、灵活应变能力和创新实践能力等核心竞争力。由此，基于文化游习的"真体验"，构建跨越学科、高效联动和注重实用的专业集群，便成为时下迫切需要解决的问题。

研究发现，有些应用型高校将产业集群的一些理论嫁接到专业群建设上的做法取得了一定的成效。它们不仅优化了结构、整合了资源，也在体制机制上融入了更多的文化和创新元素，很大程度上为构建思学并重、产教一体的资源共享型专业集群模式付出了努力。只是此类高校改革的力度不够强、推行的广度不够大和落地的深度不够深，在长效机制构建方面更是效果欠佳。

我也曾组建团队对山东省内的应用型人才培养现状做了初步调研，发现造成所育人才不够"卓越"的原因，恰恰在于专业群建设意识过于薄弱。即便是有些意识，仅仅是对专业的简单拼凑和无序堆砌，或只是基于产教融合、专创融合的变相跟进，而缺失理实一体的推进思路，根本无法体现体验性、实用性和创新性构建的实践成效，结果大多变成了"废弃品"或"泥水坑"。一份来自青岛应用型高校有关人才培育现状的调研数据表明，100%的本科学生认识到，深挖文化内涵且基于真实环境去体验已知、探索未知的"价值"，在于能够帮助他们发现和解决实际问题，通过提升自身认知能力，不断使自己从"优秀"走向"卓越"。

由此，遵循产教深度融合和校企紧密合作的基本规律，以文化内涵积淀和创新能力提升为根本目的来推进专业集群建设，便成为一种值得尝试的做法。一方面，明确服务面向，强化高阶提升，基于中华优秀传统文化的传承和创新发展，将教育链、产业链、人才链、创新链"有机融合"，真正锚定社会职场的岗位设置寻求培育"卓越人才"的门道和路径，在提升"体验式"认知上做足功课；另一方面，也要打破制度壁垒和思想局限，进一步依托核心专业，创新实践平台，克服同质化现象和低效能做法，着力重构教学组织和研究团队，不断做好文化素养内核引领和专业品质深度熔炼，在探索体验式人才培养的体制机制创新方面下大功夫，花大力气，为高校培养具有深厚文化素养、广博专业知识和超强创新能力的应用型卓越人才提供强有力的保障。

综上所述，应用型卓越人才培养不可偏离"立德树人"的根本任务，不能沉溺于"土俗"而无"高级"跨越，更不可停滞于所谓的"优秀"层面而无高阶性、挑战度和创新性的突破。以"体验式"培养为重心的大胆尝试，无疑为探索倡导素养提升、注重技能应用和凸显实践成效的应用型卓越人才培养实践提供了参考，倘若能够辅以更多的案例佐证，将会更加具有说服力，而成为"锦上添花"的事情。

第四章 融合构建的路径

鉴于中国文化游习注重理实一体和知行合一，应用型卓越人才培养理应深寓文化游习内涵，并将实用性和创新性融入具体的实践，基于国家关注、时代呼唤和社会发展的实际需要，在教育范式上进行变革，将理论创新、模式创新和学科专业交叉重组等融为一体，以便逐步形成具有中国特色的应用型卓越人才培养体系。时下，构建高质量、优质化的应用型教育融合式新生态已成为迫切需要，但相关理论与对策研究仍略显滞后。实践证明，探索融合式构建的路径，恰恰能够在一定程度上迎时解困。

第一节 坚定文化自信，审视卓越人才培养实践

中国文化游习彰显了人文厚度、理论高度和实践深度，为应用型卓越人才培养指明了方向，在模式和路径上具有适用性，有利于开拓应用型教育特色化发展之路和搭建融合式发展理论框架，对于构建落地有力、成效明显的育人机制和形成管理高效、模式精进的教育体系大有裨益。

坚定文化自信是应用型卓越人才培养的根脉之所在，基于协同育人机制深

入探索应用型卓越人才融合式培养的优质化模式，凝心聚力打造综合性育人实践平台，是谋求高质量发展之路的明智之举。坚定文化自信，契合于筑建专业、产业相融通，行业、创业相引连，学业、就业相衔接的立体化、融合式体系构建需求。以此为航标指向，有助于构建应用型卓越人才培养的新生态，并形成极具推广价值的实践经验。

一、构建教育要素奇妙融合的"生态圈"

高等教育的"新生态"，讲求知行合一的躬行态度、虚实相生的融合方式、沉浸体验的探究学习和科学技术的全面连接。由此，将优质化的教育要素深度融入应用型卓越人才培养的全过程，便成为拥抱新世界、探寻新时机和拼接新图景的"高年级"增值做法。树立文化自信意识，强化"以文化人"实效，用一颗"勇敢的心"去应对新时代的"创变"，有助于管控数字化技术发展和智能型平台构建的正确航道，防止高等教育初心"跑偏"，也有效保障了"破旧立新"和"跨界融合"的接续推行。

二、描画能力提升纵横交织的"八阵图"

"八阵图"推介的是不同环境下单个阵式攻守得当的具体战术应用，而应用型卓越人才融合式培养注重的则是实践主体、施教客体和场景载体的"三体交融"。高等教育工作者应紧跟时代发展潮流并锚定社会需求，更加坚定文化自信，并以之为提升应用型人才文化素养和培育"德才兼备"卓越特质的实践抓手，通过夯实人文素养的稳固根基，"以不变应万变"，描绘出一幅"纵向"可进阶、"横向"能辐射、"融合"得实效的高素质应用型人才培养的"八阵图"。

三、实现人才培育思创融通的"可追溯"

应用型卓越人才培养要体现出国际化特征，需要紧握文化自信的根本，将思政元素融入人才培育全过程，紧密结合学生的跨文化交际能力提升需要，适时跟进专创融合、产教融合系统化落地，不断深化翻转课堂、工作室制人才培养模式等改革，以此增强高素质应用型人才培养与社会职场需求的适应性。由此，教育工作者更应放眼世界，关注国情，全链条做好卓越人才培育的前期疏导、中途监管和后续复盘工作，并适时反思问题症结，构建可融通的实践育人体系，进而形成明晰、畅达的"创新型框架"思维，实现受教者品德修养和创新技能的同步提升。

总之，文化自信是浸润人心、传承文明和跨向卓越的力量源泉与强大助推器。坚定文化自信，形成跨界思维，实现产学研创深度融合和思政元素融入应用型人才全过程，为理实一体增强所育人才的专创融合能力、思创融通能力、社会职场竞争力和跨文化交际能力奠定了深厚的文化根基，且拓展了创新实践思路。

第二节 应用型卓越人才融合式培养的基本特征

在应用型卓越人才的能力提升中，需要特别强调的是对基本知识的熟练掌握和灵活应用，并要与生产实践相结合。由此，其时代性、融合式、实用性的特点不可忽视。另外，随着国际化意识的不断增强，应用型卓越人才的国际化特点也越发显现出来。

一、时代性

我国新经济、新业态、新模式快速发展，给应用型教育提供了广阔天地。商业、数字、人文和技术不断融合颠覆了传统模式，开创了商贸智能化时代，应用型卓越人才培养理念、模式的持续优化和创新成为不可抗拒的时代潮流。

二、融合式

新业态与文化、技术的融合成为未来发展的新逻辑。应用型卓越人才培养需把握多学科门类融合的综合性，紧密结合产业、行业等发展需求，并以市场需求为导向，走产、学、研融合之路。融合式教学是应用型教育实现创新发展的有效路径。

三、实用性

应用型卓越人才培养的终极目标是学以致用、经世济民，服务于区域经济社会发展。应用型教育应该抓住实用性的本质特征，研究新时代跨学科领域的真命题，培养真正能够解决现实问题的应用型卓越人才。

四、国际化

"一带一路"倡议的深入推进，全球化经济和贸易的快速发展，对于国际化应用型卓越人才的需求自然会大幅度增加，促使人才培养应立足于本土优势，树立面向未来、面向世界的全球化战略思维，以此培育具有国际化视野和良好外语能力且能够驾驭、引领新业态发展的职业经理人，不断增强自身在职场取胜的核心竞争力。

我们从中不难发现，应用型卓越人才的融合式培养不仅需要教育工作者深入了解和全面把握其所具备的特点，还应以此为实践的出发点，不断探索契合时代发展需求、体现融合式培养成效、强化实践应用价值和不断走向国际市场的有效模式，以树立高远格局，为形成实效可见、人才可用的良好局面打下坚实的基础。

第三节　应用型卓越人才融合式培养的主要体现

基于中国文化游习内核探索应用型卓越人才培养模式，需要以提升感知能力、动手能力、思辨能力和人文素养等为根本导向，既要注重广阔资源的搜罗利用、宝贵知识的接续应用，也要强调生活技能的落地适用和彰显文化品质的滋养蓄用。凡此种种，皆离不开融合式构建思维。这一思维不再局限于资源的单向性整合，而是聚焦于优质化学习情境设计和高阶性提升学生核心素养，研究如何通过强化有机融合理念、锚定素养学习目标和做好学习情景设计等，不断增强学生体验是认知和过程性考核的综合实效。其融合主要体现在以下几个方面：

一、学习体系的融合

开展应用型卓越人才培养，需要将正式学习和非正式学习自然融为一体，在实践中将非正式学习有效融入正式学习体系建设过程。学习体系的融合式构建，不仅为培养学生的好奇心、激发学习动机以及提高其创新创造能力营造了学习环境，更为接续性打造产教融合、专创融合生态圈方面奠定了基础。

二、开放空间的融合

"探究学习空间融合视域下的协作学习模型对深化教学模式改革、提高人才培养质量具有重要意义"（李洋洋等，2022）。实践证明，通过融合理念拓展开放式的学习空间，对于实现多学科融通和创建资源共享型团队大有裨益，不但为学习者提供了较为丰富的共享资源，也有助于增强学生自主学习的积极性，同时便于教师掌握学生学情，充分融入实践场域实施精准教育。

三、跨越学科的融合

应用型高校着力使学生突破惯性思维，跨越常规化的施教模式，积极推动师生共同跨越学科专业限制，灵活应用多学科知识和专业技能，开展产学研等综合实践活动。文化游习视域下的应用型卓越人才培养一贯注重理实一体的融合，力主在思创融通、专创融合乃至专业集群建设等方面取得突破性进展，在极力反对一切闭塞和僵化的做法之余，恰恰鼓励使用创客思维模式助力学生提高跨学科能力、思辨能力和创造能力，多维度地解决实际问题。

四、真实体验的融合

真实的学习体验，是学生融入自然环境并通过亲密接触现实问题获得的真实感受。一方面，它让学生沉浸于开放融通的实践场域；另一方面，使学生融入了"做中学"的真实情境，通过自身探究强化认知体验，进而不断培养自身独立思考和创新应用等实践能力。

传统的人才培养模式严重束缚了学生的创新思维，不利于他们提高知识迁移和实践应用能力。融合式创设教学改革情境，正成为当前应用型高校力主改变教学情境单一化、提高学生学习积极性的普遍做法。应用型高校坚持以情境为中心，多维度创设真实场景，动态化捕捉学生发现问题、注重探求和激发灵感的情况，有助于形成实效明显、辐射久远的人才培养行动方案。

"平庸的人"只是在径直地改变结果，"优秀的人"会积极探求事情的源头，而"卓越的人"则善于改变固有的思维模式。久而久之，这种思维上的不同，便会拉大人与人的差距而产生相去甚远的效果。文化游习实践，是一种注重体验认知和情景交融的思维方式，目的在于将自我融入真实环境，走出"舒适区"并独辟蹊径地到达希望与现实的"临界点"，以此实现情境跨越和知识迁移，提升应用能力。其永不止歇的"体验过程"和不断追求高品质的"心智回归"，恰恰得益于创客思维模式着重构建的生态循环系统和力求达到的理实一体融合。因而，应用型高校应注重运用设计思维，提升核心素养，并强调体验式认知和融合式培养，最终开发学生的创新思维，助其深化知识理解并实现跨情景迁移。

总之，处在创新教育的新时代，基于中国文化游习视域，有效开展创新思维和相关实践活动，不仅有利于实现实践主体由"心动"到"行动"，也在深层次上激发他们发挥想象力，不断地触发新的灵感，勇敢地挑战知识中的"盲点"，弥补认知中的"缺憾"。

第四节 应用型卓越人才融合式培养的核心目标

锁定核心目标，能够为应用型卓越人才培养汇聚优势资源，并实现"集中发力"。但融合式培养与之并不冲突，一方面，集聚资源"出重拳"有助于促进深度融合；另一方面，"融合式"培养的做法也更加有利于多主体聚合联动，优化资源配置，并形成高效合力，更好地发挥辐射作用。

一、产生"接续性"增强应用型卓越人才培养实效

培养应用型卓越人才"要确立'育人为本、德育为先、能力为重'的教育理念和以'应用'为导向的培养目标"（李高申，2022）。因而，搭建内涵型、融合式发展的理论研究框架尤为必要。其目标在于夯实应用型卓越人才培养的理论根基，通过工作室场景应用和项目化驱动，持续增强人才培养综合实效，为社会培养更多的企业家。

二、落实"内涵型"提升应用型卓越人才培养质量

坚定文化自信，锚定"立德树人"根本任务，熔炼学生的专创融合品质，

提升其综合素养，并提升其应用技能的内涵驱动力，发扬以中华优秀传统文化"培根育人"、以红色文化"铸魂育人"、以工匠精神"实践育人"和以创新文化"协同育人"的"四文化"融合育人特色，高质量培育具有"敢闯会创"素养的应用型卓越人才。

三、形成"可衡量"应用型卓越人才培养评价体系

构建适用性强、落地性好的人才评价机制，形成德行为重、技能为先和创新为用的科学性评价体系，解决产教融合实践育人环节与社会需求"相脱节"的问题。

实践证明，明确核心目标并由此形成"向心力"和"凝聚力"，才能更好地细化分工和更高效地促进合作，以实现科学布局，按部就班地实施人才培养规划，并在实践检验中不断查漏补缺，为培养高素质应用型卓越人才提供有效保障。

第五节　应用型卓越人才融合式培养的实践路径

基于中国文化游习内核的应用型卓越人才培养，通过践行融合式思路，能够触发生成并延伸拓展出多种有效路径，如亦学亦教、校企协同、开放融通和能文能武，从而在具体实践中摸索出一套行之有效的实施方案。

相关路径如图4-1所示。

一、亦学亦教

尊崇"课比天大"的理念，营造"思创融通"的氛围，实现教学相长；构建生动课堂，推进学思并重、理实一体的教学革命；着力建设"金课"，尽

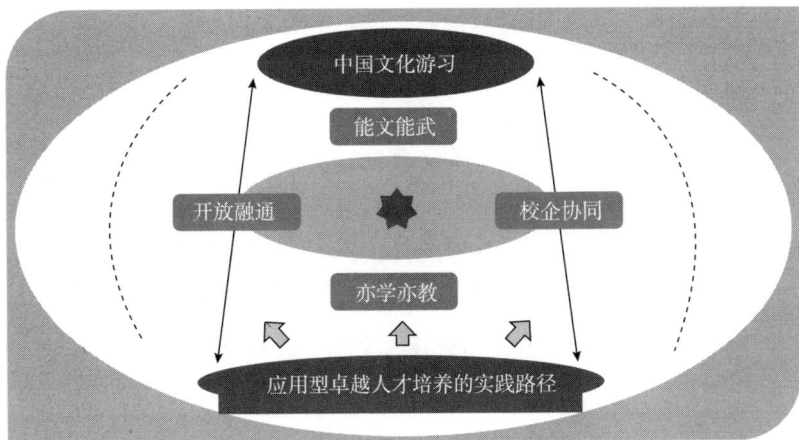

图 4-1　应用型卓越人才融合式培养的实践路径

力去除"水课"，使要求严起来、教学实践起来，也让课程难起来、学生忙起来，最终把质量提升起来，培养和提升学生的理论应用和综合实践能力。

二、校企协同

挖掘和整合内外优势资源，深化校城融合、产教融合、专创融合。紧密对接地方产业、行业协会和龙头企业，全面且协同开展校企"双课堂融通"素质培养，完善学业+产业+创业"三业融合"的育人机制，突出应用型卓越人才培养目标，使课程设置和教学设计更加贴近实践需要，让过程性考核更加贴合实际。

三、开放融通

发扬中国特色，深蓄文化内涵，并放眼国际舞台，以开放式思维疏通师生学习和成长的便利通道，打造特色引领的实践育人体系。在政策、人力和项目方面予以支持，通过建设包孕中国文化深厚内涵的"外语+"课程，鼓励师生不断拓宽视野，提升通往"卓越"之路的认知能力，最终达到基于中国文化精髓培育"卓越型"精英团队的目的。

四、能文能武

应用型卓越人才培养呼唤人文精神，包括儒魂商才、敢闯会创素养在内，都讲求"能文能武"。在实践中，需要将经济目标与人文目标合二为一，使时代精神与传统文化熔为一炉，着力强化应用型卓越人才培养核心价值观引领作用，使学生成长为内有家国情怀和科技人文精神，外能勇担社会责任和怀抱经世济民理想的"全面发展的人"。

总而言之，应用型卓越人才融合式培养需要"深入分析服务育人中存在的体制机制问题、教育范式问题、资源平台问题、市场需求问题等，不断促进不同育人主体间的协同合作，提升服务育人共同体的自我发展能力，形成育人特色、巩固育人效果"（王胜本等，2021）。基于此，以上路径的拓展便成为发挥自身特色构建高素质应用型卓越人才培养共同体的有效尝试。

第六节　应用型卓越人才融合式培养的创新之处

融合本身是一种创新理念的生发，或生产要素的再度组合。作为提升应用型卓越人才培养模式综合实效的"助推器"，学术层面上的融合式培养，不仅讲求思想、技术的融合，也注重观点、方法的融合。现从学术思想、学术观点、研究方法等几个方面，简要介绍应用型卓越人才融合式培养的特色和创新之所在。

一、学术思想特色和创新

彰显中国特色社会主义高校的鲜亮底色，树立"文化自信"培养新时代应用型卓越人才，依据马克思主义辩证唯物主义认识论"实践出真知"的核心思想，以教育与生产劳动和社会实践相结合理论及系统论、生态理论等理论为指导，打通开放式航道，推进融合式教育，强化协同式实践，走中国特色商科教育发展之路。理实一体地研究应用型教育的新生态，找准专创融合能力提升的逻辑起点，营造场域空间，增强真实场景浸润功效，德智体美劳"五育并举"培育精英人才。实现教育链、专业链、人才链、创新链、产业链、孵化链"六链衔接"，以理论指导构建长效育人机制和生态孵化体系。发挥场域理论浸润作用，增强产教融合平台功效。鉴于个人行动皆受场域影响，应用型教育需营造适宜人才成长的场域，构建接续滋养生态体系。强化场域论有助于形成融合育人模式，便于增强、提升学生自主创新意识和实践技能。运用社会价值与经济价值相统一理论，寻找育人公益性与生产营利性契合点，实现教、学、做合一，促成了企业用人育人同频共振，获取人力成本，实现经济利益最大化。

二、学术观点特色和创新

（一）坚定"文化自信"意识，闯出一条融合式的应用型教育优质化发展路径

应用型卓越人才培养坚持社会主义办学方向，明确"立德树人"根本任务，畅通亦学亦教、校企协同、开放融通、能文能武的应用型卓越人才培养融合式发展路径。落脚于创新发展、机制构建、理论指引和内涵建设等协同研究，明确了应用型卓越人才培养的航标指向，使产教融合有了机制保障且被赋予创新文化内涵。

（二）挖掘"游习文化"内涵，探求融合式培养应用型卓越人才改革的新模式

融合式培养找到了目标、内容、方法等融合点，实现了产业链与专业群深度融合、教育组织形态与产业项目对人才的需求深度融合、校企深度融合、企业生产与人才培养过程深度融合、学校师资与行业企业深度融合，体现了学业

认证与岗位需求相契合、技能传授与产业发展相统一、专业品质与创业实践相融通，探索了应用型教育改革的新模式。

三、研究方法特色和创新

研究应深入践行"知行合一"理念，并注重实践应用。研究基于现实问题的小切口分析和有效资源的深入挖掘，适当运用链条式解析和生态体系架构等方式、方法，并以市场为导向剖析和解决实际问题，紧密贴合区域经济社会发展需要，将实践研究上升为普遍经验和一般理论，通过展现融合式、进阶式和混搭式实效，验证社会服务的整体效用。

探索应用型卓越人才融合式培养路径，需要进一步厘清应用型卓越人才应该具备的核心素养和认知能力提升的本质，重点把握融合式思路和精准性原则，为学生打开认知世界的窗口，增强其终身学习的意识，进而实现可持续发展。须注意的是，还要"推动教育组织形式和管理模式的变革创新，协同营造教育改革发展的良好生态和社会氛围，共同开创新时代教育现代化建设的新生态"（沈欣忆等，2022）。由此，我们可以断定，应用型卓越人才融合式培养本身就是一种创新的融合式人才培养，在坚定"文化自信"意识的基础上，不仅强化了理实一体的学术思想、树立了知行合一的学术观点，也在研究方法上体现出贴合实际的市场导向和将理论应用于实践的整体实效，从而使应用型卓越人才培养有了明确的航标指向。

第七节　应用型卓越人才融合式培养的实践成效

应用型卓越人才融合式培养建立在体验式培养的基础之上，除真实场景的沉浸式培养外，更多的实践成效体现在专创融合、产教融合、思创融通等方面。它们拓展了宏阔的实践场域，构建了高远的教育格局，也填补了人才培养的诸多空白。

一、形成了有深度、有厚度、有广度、有温度的"思创融通"教育大格局

应用型卓越人才培养需要有文化底蕴的支撑。融合式培养思路夯实了"立德树人"根本任务的深厚内涵，构筑了应用型卓越人才培养的"四梁八柱"。通过将思政元素、企业元素和创新元素融入人才培养的全过程，强化了内涵引领和价值塑造，彰显了"培根铸魂"教育和德育评价考核，形成了专产相接、校企协同、思创融通的格局。

二、理实一体构建了高效能、可追溯的"专创融合"实践教育新体制机制

当今教育"无形中放弃了对学生个性发展的关注，忽视了精神、信仰、德性等因素，导致人才培养的功利化、同质化"（孙发有，2022）。因而，新时代的高素质应用型卓越人才培养不能对人文素养提升坐视不管，更要将学生的专业学习和创新实践有机结合。鉴于目前人才培养中"重理论、轻实践"的观念仍然存在，如何构建实效明显且能够实时查验的实践教育体制机制，成为人们关注的焦点。融合式培养思路注重将理论和实践融为一体，创建高效能场域空间和"可视化"实践平台，并提倡在生活实践和创新应用中提升认知能力与创造能力，为优质化培养应用型卓越人才开辟了一片清朗天地。

三、融合式实践思维有效填补了应用型卓越人才体验式培养的空白和缺口

"体验式"人才培养不仅注重真实场景体验对于实践能力的提升效果，也倡导多主体协同创新和"抱团式"升华理论认知，却因为实际条件的限制，

缺失渗透性、延展性和辐射性效用的发挥。融合式实践思维恰恰填补了此空白和缺口，将文化基因的渗透力、思想内涵的穿透力和与时俱进的创新力灌注应用型卓越人才培养的全过程，起到了内涵引领和整体统领的作用。而且，"学生通过亲身参与解决工作场景中的实际问题还可以不断地积累工作经验，从而进一步提高分析和解决问题的能力"（胡蓉，2021）。

四、以思创融通、产教融合和专创融合为抓手实施了 IEIA 人才培养模式

应用型卓越人才融合式培养是一个大概念，也是一个系统化工程。此工程锚定高素质应用型人才培养目标，将思政教育、创新应用、协同发展等元素融入常态化培育全过程，使"学生的专业基础进一步夯实，学术视野深入拓展，实践能力持续加强，创新激情深度点燃……"（吴宝锁等，2022），最终形成了凸显融合成效和创新特色的 IEIA（Integrated, Experiential, Innovative, Applied）人才培养模式，如图 4-2 所示。

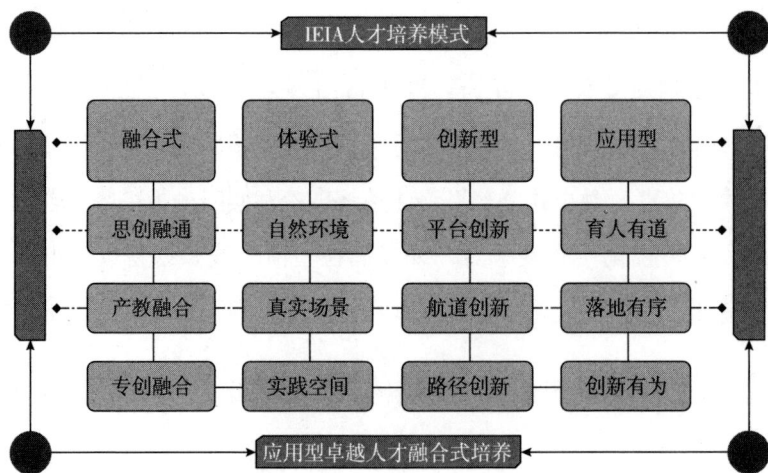

图 4-2　IEIA 人才培养模式

综上可知，应用型卓越人才融合式培养的实践成效是在体验式认知的基础之上接续完成的。它在中国文化游习内核的有力支撑下，吸纳了思政元素、融合了实践价值，也积淀了人文素养。可以说，各种元素的融合，不仅可以内化于心、外显于形，更能够久积成势、熔炼成范，达到铸魂、润心的良好效果，为完成"立德树人"的根本任务积聚了深厚的内涵滋养和强大的实践动能。

第五章　知行合一的磨砺

就应用型卓越人才培养而言，"现身说法"是最有力的。基于体验式和融合式的素养提升，需要不断增强游习者在真实情景下解决复杂问题的能力，离不开实践场域的创设、项目任务的驱动和心智模式的转换。而"对情景的学习力和应变力是素养的核心"（夏雪梅，2021）。个性化的游习体悟，源于真实的情景体验，需要结合自我认知的实际需要，接续性地做出总结和提炼。

本章内容主要基于游习者个体化的地理行踪，凭借由此伸展开来的思维触角，并以之为主线，围绕着场景变换的轨迹和身临其境的体悟，将游习心得以笔谈方式付诸纸端，进一步沉淀和挖掘深厚文化内涵，以此提升自身的综合素养，也为应用型卓越人才培养提供个性化拓展空间。其间，不乏我的篇章创作，文笔虽略显笨拙，初衷却是想要诠释文化游习的义理，理实一体地激扬素养生发的意趣。

文化游习，说到底就是"知行合一"理念在相对空间内的实践体现。当我们行走于鸟鸣花香的山水之间，当我们抒怀于幽深旷远的云海高天，当我们徜徉在乐感灵动的艺术世界，抑或当我们酣眠于一马平川的陆地平原，视觉和听觉都得到了通透的关联，心智与情怀也会得到无限的舒展……这种心念、体感和情致，如若"言之无文"，势必也会如过眼云烟"行而不远"。由此说明，真正意义上的"知行合一"，应该是不脱离于笔录载体且能够显现出自我认知的体验变化，不仅能够在不断地攀缘中赏览高远境界，也可以在真实的体验中做到"行胜于言"。

更何况，"重积淀""多用心""勤动手""求创意"，早已成为应用型卓越人才培养的常规化要求。在一部部山水游记里，我们阅读到了知性风采、思辨哲理和绝妙意趣；在一个个文化基因里，我们也体味到了异地时空里的人文风貌和远见卓识。诚然，世界多有参差不齐，完美或许很难实现，唯有通过极具个性的文化游习，才能包孕起那些深寓了情感、充满着意蕴的文句语段。作为文化游习的亲历者，当我们一次次穿梭于喧嚣的城市，又一回回奔向雅洁、旷美的大自然，人生的许多"逆战"，也由此开篇。在创客思维模式下，文化游习更是一场"知行合一"的育人盛宴，恰如生命就是一场旅行，唯愿此程能够与人成师友，晓之以"明道"，闻鹿鸣而垂范。

因而在这一部分，我便通过灵活形式细致梳理了游习心得。从对四时美景的内心感知，到对真情实感的外在释放，再到化育成效的逐层生发……其内容多是我多年游习体验的汇聚之作，偶尔也有假借他人之口表达的见解。它们看似毫无严整的章法与艳美的形壳，却也在内容上做了细分，旨在深化认知、彰明心志，为应用型卓越人才培养提供一些借鉴。

第一节　在永远的江河中积淀文化素养

文化游习的"精魂"，在壮美的湖海山川等自然景观中可见一斑。不管是浩繁卷帙，还是片言只语，都可以成为其鲜活存在的依附载体。而文化素养，便是在这源源不断流淌着的文化长河中酝酿产生的。以下原创文章所体现的主要是个体视域下的游习心得，皆源自真实场景体验下的认知体会，可以在深层次融入自然环境、构建内外兼修育人体系和增强沉浸式体验认知成效等方面，为应用型卓越人才培养带来一些启发。

一、一品宏安

暮雪塞北，烟雨江南；潮生碧波，孤漠远山。造化神功缔造的天地，给人类留下了参悟难透的玄机和亘古未绝的沉思。我从一方小岛走来，放眼旧朝古都遗存的厚重与磅礴，瞬间沉淀着从海滨城市到古韵帝都的行程感想，也用尽心力地去揣摩"长安居，大不易"的千古佳话，回望无暇，嗟叹不休。

当我用自己缺钙的腿和有限的脚力，用一两个小时的时间完成了西安城墙总长 1/2 距离的时候，一直在想，如若明天到了江南，我会不会也带着积存着古韵和洋溢着厚实的心境，去品味这份透彻与澄净？

一直以为，江南是文气、富庶和秀丽的代名词。"上有天堂，下有苏杭。"白居易的《忆江南》描写的是苏杭美景。享有"江南佳丽地，金陵帝王州"美誉的金陵城，自然是江南的代表，体现的应该是一种或清奇瑰丽或悲壮辽阔的人文地理模式。唐宋以来，中国经济文化重心逐渐从"汴都长安"东西走向轴线，移向了庶美繁华的江南地区，而落于苏杭南北走向的轴线之上，虽是历史发展的规律，却也有着徒步丈量不出的距离、心绪体察不到的意趣。

不是吗？自古秦淮多浓情，从来烟雨惹人愁。在畅快地置身于水乡的摇橹叠翠中，在依恋地体味太湖鱼米香气的氤氲后，在透爽地参悟金陵故地的王者毓秀里，你觉得，有谁能够说得清世间造化缘来何往？人心，又归之何处？

而在这里，是不同的。西安，作为亚欧的桥梁、"丝绸之路"的起点，它北濒渭河，南亘秦岭，为华夏文明龙脉。作为与雅典、罗马、开罗并称"世界四大文明古都"的十三朝帝都故地，又可以让人真切地感受到其如今正经受着现代科技和古典神韵的激荡与撞击，尽管它早就是中华文明的重要发祥地，却融合新潮和厚积沉淀于一身，纳古今情致，涓万千长流。

"朱雀本为中流柱，米贵难掩古意出。抽丝起风通翎羽，蕴绣换盏落玉珠。"当我站在它光晕溢彩的裙裾边，捧读的是大唐江山挥毫写下的惊艳画卷。当我遥望古城新历包裹的八百里秦川，心中油然而起的是这样的感觉：如若品酒后的咂舌，香薰沁脾，美意无边；也好似燃烟散去的回念，徒劳地将万千不舍一股脑儿地劈盖下来，却又跌跌撞撞地，被古韵雄风"逼落"得无比眩晕，直至天转地翻……

我想，无论是秦皇兵马、西京繁华，还是大唐遗风、三秦狂沙，它们都是自然神工和人之神功的杰作。那么，在诸多美妙的场景中，在尚能健步走过的快意生命里，就让我们带着千般感念的期盼和无限翘首的憧憬，去珍惜需要品味的每一寸土地吧！

文化推介：西安，古称长安、镐京，有着 5000 多年的文明史，是中华文明和中华民族重要发祥地之一，也是"丝绸之路"的起点。被誉为"十三朝古都"的西安，也是"中国四大古都"之一，国务院公布的首批国家历史文化名城，在 20 世纪 80 年代初，曾被联合国教科文组织确定为"世界历史名城"。现今，西安作为陕西省的省会城市，已成为全国重要的科教中心和工业基地，也是中国最佳旅游目的地。秦始皇陵及兵马俑、汉未央宫、长乐宫，唐大明宫遗址和大、小雁塔等景点，勾勒出了世人瞩目的"长安情结"，更有西安交通大学、西北工业大学、西安电子科技大学等知名高校林立，可谓历史文化底蕴丰厚，已成为特色鲜明的国际化大都市。

游习体悟：长安城富庶无边，古韵深厚，历史地位颇重。当文章作者走过古城墙，畅想一地繁华之时，感悟之情亦随之而来。在此一游习之作中，文章作者通过展现古都今时发展与"四方"并进的比对景观，细细咂摸了那些有关古今中外的感触和思悟，也告诫大家务必要珍惜眼前美景的留存、善美诚真的心意缘法以及一切和谐并进的"拥有"，还历史以尊重，展风采以厚重，更要传文明以继承。

二、永恒的清流

我眼中的运河，没有黄河、长江那样的奔腾之势，却蓄积着齐鲁风范和江南秀色；没有鳞次栉比的宏厦繁华，却以成泓碧水滋养出葳蕤花木，让历史流动起来，也让文化活跃了起来……

十年间我沿着北京通州运河文化广场的千年步道，走过海河滨城，走到了微山湖畔的南阳古镇和水清岸秀的通吕运河，间歇于史沉星列的扬州"瓜洲古渡"，后又走进姑苏城外的枫桥码头，行至常州古运河的经典"篦箕巷"和绍兴"古运河"，止步于杭州"拱宸桥"。一路行来，我一次次感受着生生不息绵延着中华文化基因和民族传统的"人文清流"。

兼收并蓄的大运河，就这样静静地流淌着，沿岸也涌现出一大批包括通州、济宁、扬州、杭州、绍兴等在内的，"因运河而生、因运河而荣"的历史文化名城。

历来被誉为"九重肘腋之上流，六国咽喉之雄镇"的通州，其间大运河，当始于魏武帝征乌桓送运军粮之时，至元郭守敬开通惠河，已为京东水路都会。通州作为四方水陆进京必经之地，也形成了独特的运河地域人文景观，至今依然流淌着继往开来的古意、新韵。

常听老辈人讲，大运河至济宁一带，方显出其厚重和肚量。自古以来，济宁就享有"运河之都"的美誉。在很小的时候，我曾站在桥上俯瞰河面上来往的船只，觉得那好似没有尽头的河水呀，永远在流向前方；那时候，年幼的我就很想知道在它厚蓄的静流之中，究竟包孕了多少厚重纳藏和深远见识。

如画的杭州，桨橹摇出细浪，灯影荡起清流。那"拱宸桥"旁的运河文化街区，澄波叠翠，书香漫道，处处洋溢着江南民居风情。人行其间，身沐清扬，宛如梦境，不得不令人慨叹当年盛景——原来这托举着文脉、流淌着神韵的历史文化长河，竟没有谁能将这一切终结，永远都不能！

史载世界上最早的人工古运河，始凿于春秋时期，而被列为《世界文化遗产名录》的中国大运河，则由隋唐大运河、京杭大运河、浙东运河三大板块和十大河道组成，地跨多个区域。除特定政治时效外，大运河也在供给水源、排涝抗旱、疏通航运及移风成俗等方面发挥了长效功用。

历数吴王夫差凿邗沟、隋炀帝重开并向，以及郭守敬的南船"通惠"，尘烟虽已远去，但运河"至今千里赖通波"，它贯通的是南北经济和交通的大动脉，于今更成为打造生态文明城市名片的窗口，以其丰厚滋养，互通着中外并滋润着未来。

通联京始运将来，咫念长生古意开。

功过转舻商通处，利锼渠脉栖神槐。

哦，大运河——你这涌动的文明，你这永恒的清流……

文化推介：京杭大运河，距今已有两千五百多年的历史，初为军事之用，后又商民两用，其价值可与万里长城比肩、媲美。作为我国古代维系王朝兴盛的"命脉"和"黄金水道"，大运河北起北京，南至杭州，全长一千七百余千米，也是世界上最长的运河，跨越了冀、鲁、苏、浙四省，沟通了海河、黄河、淮河、长江、钱塘江五大水系，并历经春秋肇始阶段、隋朝全线贯通、唐宋繁盛、元代取直、明清疏通等漫长历史时期，虽至清代嘉庆朝以后辉煌不再，但其丰富的历史遗迹和深厚的文化内涵至今从未泯灭，具有历史、人文、科技和艺术等多方面研究价值。根据史书记载，秦朝时始皇帝自嘉兴"治陵水道，到钱塘越地，通浙江"，使得运河及运河文化衍生传世，不仅传带了沿河地段的风土人情，也孕育了各具特色的文化艺术。

游习体悟："生生不息的奋斗进取精神是大运河精神的基石，与时俱进的创新协同精神是大运河精神的灵魂，海纳百川的融合共生精神是大运河精神的核心，忠义诚信的使命担当精神是大运河精神的特质"（杜昀，2022）。京杭大运河长流不息，历尽了沧桑却贯通古今，又在漫长的历史洪流中深寓了文明精髓。文章作者眼中"永恒的清流"，可谓道不尽世间繁盛景象，说不完朝代兴衰更迭，也沉淀着静美的"传统"深意，流淌着涌动的"新潮"创见。文章作者在"游习"中呼吁人们以博然胸襟吮吸古今中外精良，以清朗之志传承文化精髓，并像奔流不止的京杭大运河一样，吸纳华夏文明的智慧精华和中华民族的伟大精神，以求畅古通今，以一己之力利国利民并惠及后世。

三、从枫桥出发

当来自青岛的飞机在南京禄口机场缓缓降落，忙里偷闲的我，就像是一片云，在这钟灵毓秀的"金陵城"稍作停留。

于我而言，单单一座秦淮古城，即便是在"春去春又回"的季节，也没有多大的吸引力。那里有着太多小吃，也有与夫子庙和江南贡院毗邻的极负盛名的南京母亲河，而桨声灯影里闪烁的，在我眼中，依然是慨然和备感无趣。或许大家也有同感吧，曾为"六朝烟月之区，金粉荟萃之所"的秦淮河啊，靠着与生俱来的"画舫凌波，水云叠翠"，早已被现代的能工巧匠们雕琢成皆大欢喜的"发财树"。而那座"凝天地神韵，铸千秋圣台"的雨花神坛，又积聚着太多的悲苦伤情，处处低吟着雨季里难抹易涂的沉重……与南京邂逅，很多东西，我都不太喜欢。

真正的释怀，应该从苏州的枫桥开始。

景区里的简介，介绍道：枫桥本是"封桥"之名，自诗人张继作《枫桥夜泊》后，易之为"枫桥"，可谓因桥而成诗，因诗而得名。枫桥始建年代久远，时为夜航船只停泊码头以防匪寇之用，后经明清两朝修缮、重建，至今已成为与同跨枫江之上的"江村桥"两相对望的月牙形单孔石桥。

"画桥三百映江城，诗里枫桥独有名。"自从在小学时的语文课本上知晓它后，枫桥就一直留存于我的梦里。如今得以亲见，儿时背熟了的诗句一下子从脑海中跳了出来！

月落乌啼霜满天，江枫渔火对愁眠。

姑苏城外寒山寺，夜半钟声到客船。

张继《枫桥夜泊》诗句里描绘的诗情画意，早已让它成为脍炙人口的绝唱。我喜欢枫桥的原因，偏多于诗作者的静心感怀与其禅意道风。千百年来，那已非往者的桥迹石道，见证了太多如张继一般人士能傍愁而眠的思绪，也沉积了太深千古的风情。不知那姑苏城外流连接续的，因唐代僧人寒山得名且意指"肃寒之山"的钟声，又会惊醒几多路人敏感的耳朵？

我不由得在古朴方正的"枫桥夜泊"处驻足良久，那石刻的诗句里字字洋溢着春光盘起的秀色，令人忘掉了张继孤夜无眠的寂寥和烦忧，轻而易举就走进古意斑驳的吴门春韵，无限想象着会有多少憩桥而咏的诗者于此静心，一览临运河而建的渡口旁枫桥古镇曾经的繁庶盛景。我也曾在枫桥路旁的宾馆里不眠了一晚，用心地聆听那从不远处的寒山寺里传来的跨越了永恒的空灵妙音，很想看一看它浸肌砭骨的"寒意"，是否真的能把心中不灭的灯火催生得越来越旺……

"枫桥路上闻钟，来凤桥下读禅。"虽说"天地者，万物之逆旅；光阴者，百代之过客"，然而无心与有心，欢颜与伤绪，都在昨日的积淀和今天的沉淀中慢慢发酵，经时光打磨而"去伪存真"，留下一份随心自在。此时，经年的往事已在归去的路上，而我的心才刚刚从枫桥出发，不觉间竟多了几分宁静与坦然。而你，又是属于哪一种？

我就这样一边走一边想着，耳畔又传来了那首熟悉的旋律："带走一盏渔火，让它温暖我的双眼，留下一段真情，让它停泊在枫桥边……"

"桥蕴姑苏澄彩秀，心生盎然向阳行。"我想，古朴的枫桥之所以能够抚慰人心，让人走出"失意"，走出"怅然"，正在于它给予人的那一丝辗转反侧后再战黎明的渔火光亮和那一份"立于枫桥数客船"的从容心境。也许，只有到了这"枫桥夜泊"之处，我们才能真正悟懂那《枫桥夜泊》之意吧！

文化推介：枫桥景区，历史悠久，地处苏州古城3.5千米处。其中，有隋唐以来所建古运河孕育出的枫桥古镇，有始建于梁代香火延续至今的寒山寺，也有明朝时因抗击倭寇而保存的铁铃关……《枫桥夜泊》是诗人张继在唐朝"安史之乱"后途经寒山寺时写下的一首羁旅诗。其诗言精确而细腻，娓娓讲述了江南秋月中"夜泊孤旅"的实地感受，情景交融、声色俱佳地将羁旅之思和家国之忧表达得淋漓尽致。自此诗之后，枫桥和寒山寺两处皆成为游习者游览、感悟和赏玩的胜地。

游习体悟："枫桥"因唐代诗人张继的一首极显空灵意境和旷达胸襟的《枫桥夜泊》，成为众人"游习"实践的向往之地。此文作者的笔触和此行一样，都有着不少的"过渡"：自己一路上自南京禄口机场至苏州枫桥，其间内心感慨可谓频频生发，唯有深寓着禅意、道风的古之枫桥，给予自己浸肌砭骨的"寒意"和继续阔步向前的从容心境。从枫桥出发，不知会有多少人在感悟"尘封的日子，始终不会是一片云烟"，而久违的枫桥，它又是否依然保存着对那一张似曾相识笑脸的记忆？当无限感怀化作了《涛声依旧》里的婉转词句，却也使如文章作者一般的游习者不得不在异地时空里回望着一个个"另外的自己"，进而收获几分宁静与坦然。

四、在周庄等你

我一向觉得，心灵的江海，能让被现实搅浑的焦灼世界翻天覆地；那些忙碌中的人们，也往往生活在与所有身外之物的对比当中，从而泯灭了自我的本真和亮彩。正如世间任何绝妙的风景一样，都有它不可多得的或娴雅幽静，或古色古香，或内秀沉丽，或是玲珑翠浓，若飞燕惊龙，又似脱兔飞鸿，一如余秋雨笔下缺少金陵王气的苏州，却"能给我一种真正的休憩。柔婉的言语，姣好的面容，精雅的园林，幽深的街道，处处给人以感官上的宁静和慰藉"。

我最早知晓苏州，并非源于余秋雨先生的《白发苏州》，而是在1999年新概念大赛中作者以一篇《来自沈庄的报告》已经将包括苏沪在内历史沉积的难题和遗留的忧虑以妙笔铺陈抒发……

我对苏州城根本没"感觉"，但对周庄的向往却由来已久。我早就知道的以同名一文入选高中课本的，王剑冰先生的散文集《绝版的周庄》，富有质感而精练的语言将她不可复制的纯秀、古典与味浓表露得淋漓尽致，读来备感文思隽永，深味无穷。

到周庄之前，我先去了江南六大名镇之一、江苏省首批历史文化名镇的同里。很多评论说它以"纯正水乡，旧时江南"的特色闻名于海内外。但我在挥汗如雨中良久驻足退思园、嘉荫堂等景点和沿水听唱的时段里，更多体会到的是它相对于周庄不太过于商业化的运作思维。

但周庄，它还是美丽的。有着"中国第一水乡"美誉的周庄，河道以"井"字形呈现，粉墙青瓦摇橹，小桥流水人家。陈逸飞以"双桥"的创作，将周庄推向了世界。

文化推介：20世纪80年代初，江南古镇周庄因画家陈逸飞的《双桥》画作而名扬四海，吴冠中也盛赞其"集中国水乡之美"，而后又有建筑大师贝聿铭留下了"周庄是国宝"的题词。周庄素有"中国第一水乡"的美誉，作为首批中国历史文化名镇、首批国家AAAAA级旅游景区、首批全国特色景观旅游名镇、首批全国低碳旅游示范区和国家文化产业示范基地，曾被联合国授予"全球优秀生态景区"称号，列入世界文化遗产预备清单。周庄地处"鱼米之乡"，四季分明，气候湿润，境内山环水绕，世界各地的游客纷纷慕名而至。周庄在春秋时称"摇城"，至隋唐为"贞丰里"，宋朝元祐元年时改"贞丰里"为"周庄"。元代时属苏州府长洲县，元朝中叶以后，江南沈万三父子使其出现繁荣景象，明代以后周庄属松江府华亭县，至清初复归长洲县，人口稠密，而后渐成商业中心，多有改迁。如今的周庄，水巷拱桥、粉墙黛瓦，吴韵深厚。漫步其间，可见"井"字形的河道续连着14座古代石桥。800户乡民枕河而居，在明清建筑风貌的映照下，更说着吴侬软语，品味着阿婆茶香，也于橹声欸乃中赏听到悠悠昆曲，感觉宛如步入了"小桥流水人家"的如梦画卷。

游习体悟：文章作者写周庄之前先言其他，从苏州之缺少"王气"的柔婉、精致，逐渐过渡到同里毫不艳俗的气韵、底蕴，及至言说"中国第一水乡"古镇周庄的美丽之所在。当然，对于周庄的商业气息，众说纷纭，褒贬不一，此篇有意对其避而不谈，亦少了诸多景点的细致推介和些许移步换景的画面呈现，意在以此游习作品表达内心诚盼真纯回归的情感，也为更进一步的"再出发"奠定基础。

五、月河春深探古城

春深不知归处，暖意吹过清明。伴着杏花雨趣、柳叶清风，我从青岛出发，和大学舍友约见于风光秀美的枣庄峄城。

峄城为全国"石榴之乡"，恰与有着"天下第一庄"美誉的台儿庄古城毗邻。同学深知我意在此融会"齐鲁豪情"和"江南韵致"的运河时间已久，便商定着去有水、有河且有文化的古城一探春意，不巧的是，那天偏偏雨意纷纷，偶感微冷，只好第二天再行。

翌日清晨，我们便很早至西门进城，沿主径东向缓缓而行。一路上街巷古朴蜿蜒，商铺林立，伴随河上缓行的"鱼尾式"摇橹，声声入耳，惬意无边。处处可见的石桥青阶、柏竹亭榭，间有历史遗迹和战时墙照点缀，衬着一簇簇艳美樱花、无瑕玉兰掩映下的风情小店、会馆码头和它们在春天里不时扬起的鼓音仙乐，在心里雕刻出别样的滋味，令人颇有幽深、雅静之感。

据我所知晓的历史，"因河而兴"的台儿庄古城，其地势较之近处微山湖水低出许多，为防止汛期湖水泄势千里而危及民众、良田，明万历年间，遂建八闸而治，使台儿庄南北商贾流动，却又源源不断地云集而待，久之便成明清两朝"一河渔火盛古城"的繁荣景象，并蕴积出兼容并蓄、异彩纷呈的运河沿岸文化。

细细想来，那岸柳垂波的古之台儿庄运河极具漕运、泄洪、防涝和灌溉功用，无奈1938年春天战时沃血饮弹，惨遭毁坏，如今虽已成京杭大运河中为了裁弯取直而唯一完全呈"东西流向"的一段故道，却依然令人唏嘘不已。至20世纪中华人民共和国成立之后，此一段近十里的城区内故道，便成为硕果仅存的国家级遗产村落。

而这一段故道，就是今时之称的"月河"。

站在月河图前，我端详着，也无限地发挥着自己的想象：那真是状如弯月的玉带碧水啊！将整段"活着的古运河"，自微波荡漾的南微山湖口引入，不问秋雁几行，无关风花雪月，它都用一河跃动的渔火，温暖着南北往来迤逦的商贾，成为曾经贯通国家命脉的几十里宏阔水道。不知怎地，在这里，我仿佛又听到了微山湖的春潮频频"弹起"的琵琶声、台儿庄战役中五十七位勇士穿透灵魂的杀敌呐喊声和曾从运河两岸荡跃传颂的粗犷而又畅快的船歌，正交融着时今老百姓用满心欢喜载歌载舞的和乐花鼓、韵味深沉的柳琴戏曲，行遍古城深处，响彻石道河岸……

沿着月河穿街过巷之间，我也在脑海中一再地肯定着这样的话：大河行舟，德泽四海，正念永存！不是吗？自然美景如若没有人的贪婪之心去破坏，该会是多么美好的事情啊！硝烟已去，心创难愈，战场犹存，然而即便其连天烽火摧毁了人类无以数计的智慧结晶，却永远摧不垮正义和善念筑建的"旭光之城"，唯愿这和平鸽自由飞翔的复活之城，能够处处春意盎然！

不觉间，多半天时间过去了！眼看着头顶的太阳光亮越来越暗，于是同学问我："晚上的古城在灯饰的伴衬下，景色会更美！要不要留宿再欣赏一下？"

我笑着摇了摇头："既非自然神工所成，已失本真和韵致，又何必去留恋那些高科技晃眼的'锦上添花'呢？不如归去吧！在我看来，所谓的'美景'，不在于多少，我想要的春意和古韵，早已深深地刻印在了心里……"

文化推介： 台儿庄历史悠久，初步形成于汉朝，而后发展于元代，至明清时期繁荣。其名始见于《明史》与明代碑文，言崇祯十二年（1639 年）开始使用今名"台儿庄"。台儿庄现为枣庄市辖区，处苏鲁交界之地，东临沂蒙，西濒微山，南交徐州，北接峄城，为苏北屏障，有"山东南大门"之称。古台儿庄周遭天然水道交错，因地势低洼，每逢汛期，遂水集云汇，汪洋似海，唯台儿庄免于水患。震惊中外的"台儿庄大捷"即发生在此，成为中华民族威武不屈之地。

游习体悟： "台儿庄"所处之地天光水美，古韵无边，也是"青山埋忠骨"之地，虽然月河春深，却难掩战争伤痛。如文章作者游习所记："大河行舟，德泽四海，正念永存！""却永远摧不垮正义和善念筑建的'旭光之城'！"

此言值得深思，多少也暗含着崇奉"天人合一"理念的自然和谐之意，应为心向"卓越"的实践者所躬行。

六、汉风长韵见"朴拙"

"彭城缘起钳长愿，风语盘旋唱汉歌。"夏日里，我和弟弟及当地的几位好友行至有着"千古龙飞地，一代帝王乡"美誉的徐州凤城，来到金刘寨汉皇祖陵景区，穿行于略显朴拙的乡间之地，身心全然沐于宏阔通畅的汉风长歌之中，一览天下刘姓寻根问祖圣地之博远情致。

那天风很大，还没有下车，我就远远地看到一座高大威武的刘邦雕像，坐北朝南地俯瞰着神州大地，在雄浑、粗犷的黑白灰三色格调主体建筑的映衬下，颇显一代帝王威仪和汉文化神韵。作为弘扬两汉文化内涵的绝佳景点，此处承袭了民族历史的淳朴风韵，令人立感时空浩渺、美意无边。

我们沿着汉源大道一路前行，很快就来到了"汉风广场"。眼前一座重500吨、高42.6米，寓意为两汉426年基业的铸铜雕像，正巍然耸立于汉文化展示馆之中。其东西两向，分别为帝王巡游车马和出征雕塑，于今观之，文治武功亦由此可见一斑。行进间，地面上灰黑色的汉代成语古朴"地刻"，也不时地铺展着随风渐次跃入眼帘，在阳光的映照下，更显得古意深然。

几位朋友争相介绍道，就是这铺满"朴拙"的汉风广场，在曾经的"文化节"被各种阑珊的灯火点缀时，更会显现金碧辉煌的壮观。每每明灯炫彩之处，即有观者如潮。我无限地想象着时之盛景，这时，一位朋友情不自禁地吟出了汉高祖的《大风歌》："大风起兮云飞扬，威加海内兮归故乡，安得猛士兮守四方！"

弟弟也在一旁补充："《汉书·高帝纪》有载，当日刘邦破淮南王叛军还都，途经沛县时曾邀乡人故友畅饮，有百余人助兴，酒酣击筑起舞而歌，'慷慨伤怀，泣数行下。'遂有此气势恢宏且感人涕零的《大风歌》……"

正听着，高空长风却呼啦啦地吹得更猛了！我在感其雄放自如、大气磅礴的同时，似乎体会到了一代霸主虽以超凡"朴拙"逐鹿四野，却也难免会有的惆怅之情……

在这风中，我想起了读《三国演义》时曾背得滚瓜烂熟的词句："及秦灭之后，又并入于汉，汉朝自高祖斩白蛇起义，一统天下……"那是汉风长歌涂抹的传奇色彩行于斯，以"朴拙"音律在作者心中翻涌出的钩沉心语，也留给了世人"终点即是原点，原点即为起点"的诸多平实思考。

在这风中，我也看到了质朴无华的凡人本色，和着"汉风广场"旁的"忠孝"文化墙所积淀的无边神韵，涤荡在风里，飘洒在空中，那声音鲜活如雨……

想一想，古往今来，在乱世悲歌风起云涌之间，不知暗藏了多少人的无助与隐忍，即便是威风凛凛、所向披靡的王者，在迟暮之年意欲挥就冲天豪气览胜入怀之时，也一样会感到焦灼与不安。曹孟德在《步出夏门行》中，尚留下"老骥伏枥，志在千里，烈士暮年，壮心不已"的慨叹，我辈于此风中当心生长愿，认识到一切的偶然与必然，皆存于"居安思危"的心念和"人定胜天"的信念之中。历史尘烟已去，生逢和谐盛世的我们，更应倍加珍惜今天的和静生活，传承美好，以古鉴今，以凌云壮志实现个人价值，服务于国家建设和社会发展。我细细地思索着，一点点拾掇起这"朴拙"中的精言要义，心中更是豁然开朗！

风势依旧浩荡，最后当我们一行沐风走出汉皇祖陵景区时，竟备感身轻如燕，毫无疲惫之感。在那"大风起兮云飞扬"的长歌回响中，我也暗暗欣喜能得此"深韵"，真是此行之最大美缘……

文化推介："千古龙飞地，一代帝王乡。"古韵丰厚的江苏徐州"凤城"，春秋时为宋王偃之都所，至秦朝时设县，即称为"丰邑"，因其城之西南有长约数百丈之"凤凰嗉"，而独得名于"凤城"。四灵汉阙传唤两汉神韵，清锣腰鼓舞动苏北文化。20世纪90年代所建秦汉古城河，清潺静美，流淌着质朴智慧，承继着纯然文脉。"凤城"叠新韵，"古丰"寓流年；"天下金刘寨，汉魂第一源";"凤鸣"循塔影,"文庙"聚圣贤。"凤城"不仅孕育出起兵丰沛的"泗水亭长"和"丰邑中阳里"的至尊豪杰,也以今天大沙河的"望远楼"、东华山的"望江亭"、梁寨村的"渊子湖"和新城中的"栖凤园"等,招引着各地"游习者"络绎不绝地前来观光、赏玩……古木冬青"七星抱月",唐槐虬枝"冠楚千年",更有纯然梨花香韵,将沙滩百里"秒变"果园。随着那一个个水晶酥梨俏上枝头、一箱箱富士苹果漂洋过海和一辆辆电动装置走进千家万户,昔日的汉高祖刘邦故里,如今已处处卓显"汉风长韵"氤氲而起的文化地标,势不可当地焕发出人文鼎盛、民风淳朴的古城新貌。

游习体悟:近些年来,文章作者曾多次到江苏徐州(彭城)进行文化"游习"。当身处极具浓郁"朴拙"之气的"汉风广场"之时,得其"忠孝"深韵熏陶浸染,内心遂深感无比的欢欣与畅然,进而在不断升进的思索中拾获了诸多美韵而得以"拨云见日",真是获益匪浅。汉风长歌,寄语千年。就是它,在传承着古朴雅正的文明精髓和至今卓然的心智情韵!时景时境,于心于理,都不得不令人魂归淳朴并幸得安然。

七、一脉"良知"得光明

2018年8月中旬,我因事出行浙东宁波,不巧台风肆虐,多有不便。幸得一日风定波宁,我于是和好友约见于余姚的"王守仁故居"。

此行实为慕名。因肆虐的台风已过,在告别了一阵阵湿漉漉的心惊之后,我们便于甬城西行而至故居,自南向北地,沿着马头高墙围护的大院缓缓而进。眼前粉墙黛瓦的庭院,布局通透、简洁,格调舒朗、澄净。在满目复原的陈列场景中,处处可见的是阳明先生于书香门第之内生活的素雅缩影。

我们先经传习苑,心沐阳明家规、家训真义播散下的光明,后又过照壁、穿门厅,直至"瑞云楼",感其一脉相承的浓郁家风和近在眼前的卓然才情。在那错落有致的大小庭院中,我也回忆着童年时曾于书中寻到的些许宗师风范,仿佛在每一块砖石和瓦砾当中都清晰可见阳明先生的得悟身形。于是,静心屏住了呼吸，迎着光亮舍弃好友而独自前行。

　　当指尖在厅柱门墙的边缘无声地划过，我开始无限地想象着阳明先生波澜壮阔的一生。在其"立德、立功、立言"的"真三不朽"生命历程中，我们可溯其姚江一脉，渐至显名故里而又宗承"心学"，几多文治武功，皆有辞章书函为证。在王阳明离去的这五百年间，世间已是风雷激荡，然其一脉"良知"深寓的"知行"至理，却在一次次"朝阳"而进的较量中，越发变得灿然生光。无论是"早立志""勤读书""学谦恭"，还是"慎交友""厚亲邻"等，皆见"吾心之良知"，进而不断以完美的行为准则、协同的认知实践和纯然的道德定力，灼人于言谈、眉宇间，也将《大学》典章之绿源活力和登高望远之稳固基石，在谈笑风生中尽力呈现。

　　朋友终于跟上了我，也如数家珍地向我陈述着阳明先生的"功过荣辱"，说王阳明乃陆王心学之集大成者，实为时之全能"一哥"；其"心学"之说，虽有其诸多局限，核心概念却是存于"心即理""知行合一""致良知"等之上，极为强调"心上学""事上练""守中行"。尤其是源自《论语》精言的《传习录》，以其"四句教"的简明深意，将"知行合一"融为一体，又把"忠、孝、信"等善德嘉行阐发得淋漓尽致，让人生长道照进了希望光亮，使生命殿堂开启了智慧法门，也给人世浮躁送去了阵阵清凉……

　　我不由地向着朋友竖起大拇指，心里却在一遍遍地重复着"心有良知无善恶，正念践行意逢生"的语句。

　　是啊！心存光明，万物方生。而有"心"，就有"良知"；有了"良知"，也才能"知行合一"，三者归于一脉且相互依存。阳明先生先是"格竹"失败遇疾，后又遭阉党迫害下狱，然而自"龙场悟道"之后，即有"致良知"，亦得"知行合一"真义。我穿行于满院的屋舍深木之中，猛然间也似乎明白——原来真如阳明先生所言，人之"良知"，竟是与生俱来的，无善恶之分，能得素养智识，皆归于"心"，发于"意"，贵于"和"。如若人尽得知是非善恶，以仁爱之心贯之，唯"良知"是用，坚持与时俱进，循序而行，即便各有珍贵，也能和合而生，自觉践行正确价值观……

当我们走出了青石墁地的故居大门，内心亦是一片光明。看着头上风动云涌的天空，我和好友竟越发地感到温暖无比……

文化推介：王守仁故居为明代著名思想家、教育家以及古代"心学"集大成者王守仁（王阳明）的故居。史载王守仁于明成化八年（1472 年）诞生于浙江宁波余姚家中的"瑞云楼"，此楼现位于王守仁故居之内。该处故居风格简朴，幽雅宁静，整体建筑坐北朝南，为典型的江南民居大院。据传，王守仁之父南京吏部尚书王华曾于早年耕读、修身在此，至王守仁出生在此度过了童年时光，后因其讲学曾多次回此故居居住。

游习体悟："五百年来王阳明，此心光明万物生。"文章作者此行，深觉有"心"且能"知善去恶"即是"有良知"之明道至理。而"致良知"，乃是知行合归一处。"良知"也并非"简单的良心与道德自律"，而是"人类文明沉淀下来的智慧、道德与灵性自觉"。在求索中做到"知行合一"，即是循迹于一脉相承的"光明之道"。

八、九水得意雨行中

2018 年 6 月底，我与好友行至崂山"北九水"景区，一路与山水相依，感其空蒙俊雅与山高水长的脱俗妙意。

算起来，这已是我二进"北九水""看水"了。记得五年前骄阳似火的一天，山行全程水乏人稀，汗如雨下中所伴唯有山石峥嵘和蝉音叫扰，于我而言，虽偶有绿意却难得惬意，徒留下"北九水，没有水"的慨叹。

一晃数年过去，而今又见"九水"。不同的是，此次我们出了地铁，初行天气就有些阴郁，待至"无极潭"顺沿上行，竟是雨意纷纷，令人感到好似滴落在了心里，有一种润润的舒爽。无奈雨渐渐下大，我们便撑起了伞，携伴而行。

就这样，两颗渐渐变得潮湿的心，一路沿着"九水十八潭"的山路石迹，层层"盘剥"起其间的深情远意。我们一路从"自取潭"行至"俱化潭",再从"有间潭"来到"得鱼潭",而后终于一睹"得意潭"之雨中真切面目。

"得意潭"取自《庄子》"得意忘言",意为生之义理在于不固守成规,不拘泥于物,不沉溺于行,而能怡然得获养生妙意,终达"道"之佳境。行走之间,我们发现它全然呈现的,果真是"道法自然"与灵山秀水的涵纳融通。

我看那雨落得安然,竟没有一丝的霸气,就收起伞而冒雨前行。朋友跟不上,就在身后直冲我喊:"慢一点儿!好好看看山,也好好地瞧瞧水!"

我笑而不语。其实一路水声相伴,我们有的是时间观山赏景。只是雨趣无边,是它俏皮的脸,让"水清可见底",让"山石亦欣然"。也在突然之间,我想到了《论语》里的"智者乐水,仁者乐山。知者动,仁者静;知者乐,仁者寿"的慧智心语,也想起了《老子》中的"上善若水,水善利万物而不争,处众人之所恶,故几于道"的精言妙语。是啊,心平气和是高妙智慧,充满着灵性,是博然胸襟,也是淡泊心境;而山水之间,则包孕了一切的崇高、气度与格局。就如这雨中的"北九水",自上而下,潺潺不息,用它流淌不尽的一缕智慧和片片安心,涤荡着世间一切的污浊、哀怨与俗气……

看过峭壁环绕的潮音飞瀑之后,雨小了许多。我们又气喘吁吁地爬了一段时间的山,等到返回之时,雨还在下。沐于微风细雨中,我们健步如飞,脑海中一遍遍过着此次山行所有停留的痕迹。

我无限地比对着所有见过的山和曾经看过的水,心想"一览众山小"也好,潺湲如水之润心也罢,其丝丝感怀皆潜伏于内心深处,得益于脚下的一层石阶、一份释然,也寄存于辽阔心境,在一片竹庵、一抹远山……

"嗯,这雨下得真是好啊!此行能得其意,心已安然!"朋友在一旁喃喃着。

"北九水,有好水!"

我也笑了……

文化推介："北九水"风景区位于青岛市崂山区内,现为国家 AAAA 级风景区。"北九水"分为内、外九水，总长约 8 千米。涧水随山势顺流而下，横转折势，又溯流直上，越空山而响彻云端。沿途山峡奇秀，时而虎踞龙吟，时而峭壁危岩。触目可见静美清潭，抒怀放喉之间，余声回荡悠长，美意无边。九水景区内险峰怪谷幽，流水成韵，宛若画廊屏风，享有"九水明漪"的美誉。除有靛缸湾、蔚竹庵等 19 处景观外，亦为依海崂山十二胜景中"蔚竹鸣泉"和"岩瀑潮音"景象之所在。九水内外有 18 道弯，"九泉十八潭"令人神魂惊美。更有山泉凌空飞溅，顺势而下，沿途汇集众多溪流，直泻入壮美的靛缸湾，溢出之后又时而曲折幽深，时而腾挪跌宕，颇见神韵，也煞有其事。诚如人们所言："不到北九水，不算游崂山。"北九水以其秀美山水和瑰丽画廊，享誉九州。

游习体悟： 在游习中赏览九水美景，令人得获惬意、畅快的心情。此文是文章作者登山赏水的"亲历之作"，以游记之体暗寓山水中所包孕的崇高气度和宏远格局，得意之处在于"道法自然"与灵山秀水的涵纳融通，不仅使此文作者能够摒弃污浊、哀怨之气，更寻到了令人深感"舒畅润爽"的时空妙音，踏入"润美自在"的灵动心境。

九、静听地坛冬雪声

我静静地聆听/这故园积存的雪声/寻不见你归去的身影/任凭风沙哭红了眼睛……

——题记

京城开始飘雪的时候，我再一次走进了地坛。

地坛即方泽坛，本是明清两朝帝王祭祀之地，如今成了闹市中的静雅休闲之园。记得很多年前的那个炎热的夏天，我因作家史铁生的一篇哲思文章与其结缘，只是当时书生气正浓，对生命之重体悟尚浅。此次踏雪而行至故地重游，时令自是有别，心情也颇为不同。

雪落无声，一片一片地在眼前飘落，这座平日里处处僻静又极显厚重的园子，更多了几分沉寂的静谧和陌生的荒芜。一路上，我缓缓地穿过庄严肃穆的牌楼，走过神秘悠长的甬道，而后绕行至松柏参天的静修之地，虽然见不到那些活现于如"一群雕塑"的古木林场中空地上羽毛蓬松的麻雀和广场上牵引人之脚步的鸽子，却也能触手可及那位轮椅上曾经的斗士亲手抚摸过的柏木虬枝，仿佛看到了那个常年在轮椅上煎熬了苦痛、思索了人生，也磨砺了心智，终究以向上的执着和孤傲的坚强与生命抗争的不屈灵魂，更有他在不安和愧疚的文字中所由衷流露出的曾"墨守了儿子一切苦难"的慈母情怀……

等我走过园中据说是北京最为古老的"银杏大道"，发现此时那些曾有的"绚烂"和"金黄"早已不再，唯有一地雪白的静默铺展于眼前。雪就这样一直下着，簌簌而落，我突然想到了父母之爱的伟大与深沉，一如这飘雪的厚积与温实，却不仅仅"适合于收藏"。

"苦涩的沙，吹痛脸庞的感觉，像父亲的责骂母亲的哭泣，永远难忘记……"不知怎地，行走间我竟不由自主地哼唱起了熟悉的老歌《水手》，也更对其纯朴深意有了一番新的认知和理解。

想人生百年，生命匆匆而过，恰似一场单程旅行，只是青春的车辙碾压过再多的脚印陈迹，也逃不过终点回归与起点新进的循环往复，重在思索和探求的过程。如若我们每一次的前行都能以新的姿态做到意气风发，想必再多的苦闷与彷徨，都会成为"向上的人儿"经受考验而冲锋陷阵的绝杀战地和驰骋疆场。我想，一颗心的伟大，在于它既可以顺风顺水地生逢"阳光灿烂"，也能够不断地冲破逆境，从绝望走向希望，坦然笑对"沧海桑田"。而人世情谊恰似大地恩情，宛如广阔草原、浩瀚深海，即便遭遇狂风傲雪、坚石险滩，也不能阻隔我们翻山越岭尽赏美景或是乘风破浪的满怀豪情。

待到走出肃穆、沧桑的钟楼广场之时，风雪好似小了许多。绕过养生园后，我对着整个园子回望了片刻，竟是不舍。

风轻了眼明，雪落了心明。当我站在地坛东门的出口处，心情还是久久无法平静，一直在感受着这精灵般的冬雪播撒下的灼热心声……

文化推介：庄严肃穆、古朴幽雅的地坛（亦称方泽坛），始建于明代嘉靖年间，为"京城五坛"中第二大坛。地坛位于安定门外东侧，南与天坛遥相呼应，与雍和宫、孔庙、国子监隔河相望。地坛乃皇家坛庙，为明清两朝祭祀"皇地祇神"之场所，也是中国最大的"祭地"神坛。如今的地坛，已成为迎春文化庙会的举办场所，其间可见规模较大的仿清"祭地"表演和诸多沉积了历史并承继着传统的民俗文化，展现了鲜明的民族特色与较高的艺术品位。

游习体悟：文章作者与北京地坛结缘，是很久以前的事情。行走于此方静修之地，无论是在骄阳似火的夏天，还是在瑞雪纷飞的冬季，都让人深有涤荡心魂的收获。已故作家史铁生的美篇吸引了作者两次前往，故地重游，静听的是心动的声音，拾获的是生命的真谛。"刀在石上磨，人在苦中练。"以文字的深沉和厚重，来比对飘雪的轻灵和洒脱，是文章作者想要在游习文字中实现的突破。此文意在表达父母之爱的伟大与珍贵，告诫吾辈生于当世，理应珍惜当下的美好时光，孝敬双亲并对其报以更多的理解与关爱，莫要待到事情不可挽回再追悔莫及。

第二节　在美丽的乡愁中寻求心智力量

文化游习的实践，离不开生活万象和所处的环境。对于故土的依恋，对于过往的追忆，乃至对于人世真情的珍重，都是个人陶冶情操和锤炼心力的表现。以此为切入点，探求激发学生热爱故土、眷念家园的人文情怀，是培育高素质应用型卓越人才不可缺少的环节。此节内容旨在通过个人体悟，赋予新时代的应用型卓越人才培养以新的思考。

一、为有暗香来

神牵日月香扉沁，搉翅嚼花指梦筛。

墙印春晖涂蜜处，曝诗绾入紫荆怀。

闯入我眼帘的，已然是那一瓣瓣清澄秀丽的芳蕊，没有花团锦簇的热闹，没有娇羞欲滴的桃红，只是多了一抹寥若晨星的静美和润爽，微风过处，便毫不着急地送来了阵阵幽香。

中山公园的梅花开了，一如既往地惹人喜爱！虽然非常时期的岛城，园中的人们稀疏可见，却丝毫挡不住这娇梅迎春的鲜香气派。

我看到它们时，眼前已是片片悄然绽放的香笺，一棵棵、一枝枝零星地飘洒着，仿佛梦的眼睛凌空飞舞，丝丝馨雅和点点润美霎时沁人心脾。还有那些次第而开的"绿萼"呢，正邀着"杏梅"，唤起"朱砂"，也吵醒了"崂山白"……不管是叫得上名的，还是叫不上名的，都好似被我一股脑儿地抱了个满怀！

虽然青岛此时还没有到"花开红若火焰，粉白妙似俊羽"的绚烂季节，观者的心情却早已进入了景致。你看那不远处的真梅啊，可谓曲斜有度，疏叠有致：枝生俏丽、含苞待放的，暗寓着吉祥如意；花萼铺秀、重瓣千姿的，交织着满怀香秀；红白相映、迎风而伫的，托举着五福润美……

此韵本是有情物，含香绽放意更浓。看着香气引来的蜜蜂在暖阳下翩翩起舞，我突然觉得，它们是在用那一份侠骨柔肠里的倔强和润爽，装点着这个不同寻常的春天！于是，不禁想起陆游的"零落成泥碾作尘，只有香如故"。那或许是一种"化作春泥更护花"的香魂神韵。也想起了毛主席"待到山花烂漫时，她在丛中笑"的词句，感觉虽是对飞雪迎春中一剪寒梅的赏赞，却也为这园中的春之娇梅平添了几分别样的重彩。

梅居花中"四君子"之首，皆因它们具有剪雪裁冰的傲骨和挺立枝头的神采。然而，暗香不为懦夫而来，只有敢于冲破浸肌砭骨的寒意且勇于奋战鳌头的闯将，才配领略其中所有的熏香和气韵。不是吗？腊梅虽在冬天傲放，却不失春的温润，以"岁寒三友"的高洁、强韧和含蓄而"敢为百花先"；而春梅于春季吐蕊，更见绕指轻柔，用"彤云尽展"的情怀而"喜纳东风来"。梅花的性情之所以达观舒放,全然不见豪横的"霸道",源于生长环境的自然通畅。然而,其花开得温度却极为讲究,倘若遇不到-5℃至7℃的温润,花期便会延后。见了这园中开得正是时候的梅花,似乎一切哀愁都可消解。光是那满目香雪的润朗心境,就让你不好意思再去怒对烦怨、心染愁云,而无情地辜负这纯然爽透的娇梅丰姿!

愿寻沉寂乘香趣,梅芳时节润岛城。我抬起头,乾坤已是万里春。"任你何样的魑魅魍魉,想必都挡不住这盈袖而浸的香味儿吧!"这样想着,也分明看到一个个呼之欲出的梅花香瓣儿,正暗自款款而来……

文化推介:历史悠久的青岛中山公园,作为青岛市最有特色的植被景观区域,在枝叶葳蕤、樱花叠放之前,先有梅蕊飘香。当妩媚繁花似锦尽开的季节到来时,更是花束密匝,香气四溢。

其间的岛城盛景,可谓美意无边,令人流连忘返。

游习体悟:梅花傲寒次第开,游人如织情满怀。花开时节,青岛中山公园更是"招蜂引蝶",游人络绎不绝。即便是处于"非常时期",人们也是难以掩饰观花、赏景的心情。春光乍现,人们对于整个春天的期盼,全在梅香中淋漓尽致地得到了呈现。愿好风借力、好花常开,也愿山河无恙、春意常在。以上心得是文章作者的亲历体验,不仅陶冶了自身情操,也为探求新知积淀了素养。

二、花似故人来

初阳映照春风面,润美推开胸臆尘。一大早,我就从朋友无人机航拍的视频中看到了珠山秀谷"观花云径"处盛开的杜鹃花。那些粉白不一的"蓝荆子"花簇,在阳光的眷顾下随风轻摇着,真是婀娜多姿,美得简直令人窒息!于是,我迫不及待地进行了无接触门票预订,第二天带好装备,孤身前行,去看漫天亮彩的杜鹃花。

早就了解到,杜鹃花有九百余种,花色撩人,韵致无边。而青岛大珠山则有万亩之多，花逾千年历史。其中的"蓝荆子"和"映山红"，会在每年三四月份的时候次第绽放。虽说景区已经开放数日，但游人稀少。等我测过体温、扫描了票据二维码后，很快便得以进入。绕过映山湖，我沿着山道径直前行，接二连三地看到两旁金黄密匝的四瓣连翘、纯然叠韵的雅白梨花，它们都在一如既往地以自己的方式迎接着我这个许久未至的游者……

此时的我，一下子就有了感慨！因为十几年前的"五一"期间，为看繁茂艳丽的"花中西子"——映山红，我曾和几个朋友来过一次。只是那时候风急天暖，人多如麻，行走也不方便，无奈在半道就偃旗息鼓了！徒留下几句"珠山劲奇有，杜鹃芳菲无。去来乏一路，伤乐归园圃"的嗟叹。

真是想不到啊，这回竟以如此陌生的"面目"前来观瞻！好在山河无恙，惠风和畅。于是，我一边缓缓行进，一边静心观赏着周边的山石花景。过了"竹林秘境"，杜鹃花就开得越来越好了。每前行一步，似乎就有一种别致的欣喜在等着你！那些花儿，或漫山遍野地开着，姿态昂扬；或澄光乍现地点缀着，风情万种；又或隐于石竹之间，半遮半掩地承载着融融春意……它们，在错落有致地给出每一抹令人惊而不厌的欣喜，却又都恰到好处！

走过"珠山秀谷刻石"，很快就到了"观花云径"。这地方让人记忆最为深刻。记得上一次来时，此处虽不高，却是山道陡斜，我们几人当时为了观花赏景，尽览"非常瑰丽之观"，也只有"不畏险远"了！如今，这里已是步道整齐、石阶井然。

我戴着口罩，慢慢地登高上行。低首抬足之间，时而会有清风拂面，时而又遇艳阳罩顶。我避开花团锦簇中点点晃眼的光亮，不时地欣赏着那些摇曳千姿的杜鹃花儿，深感灵秀、可爱至极！随即远远听到有人不知在哪里大加赞赏了一句："真美啊，每一处都令人心旷神怡！"我微笑着，感叹这些沐日而生、临风而舞的杜鹃花儿，竟是如此富有亲和力，让人没有丝毫的生分和半点的拘谨。

那迎风招展的姿态，那温润盈怀的质感，正伴着花开有声的矫健序曲，洋溢着世间美韵，也传递着生之爱恋，恰似久别重逢的故人远道踏春而来，却又不给你一丁点儿久违的陌生感。

我不禁地暗暗为它们竖起了大拇指，或许这满目静芳迭现的瑞云中就蓄存着它们永不褪色的颜彩。转瞬间想起唐朝时新罗诗人崔致远曾来至大珠山，留下了"可惜含芳临碧海，谁能移植到朱栏。与凡草木还殊品，只恐樵夫一例看"的美句，他赞颂的其实是如杜鹃花般的脱俗气质和顽强精神，令人大有似曾相识之感。继而又想到"杜鹃啼血"的中华成语故事，它或许就发生在这花开当季的时节吧，不知那一抹抹回肠寸断的殷红亮彩，是否就是由一缕缕彻夜不息的情思深意串联而起的壮美诗句，烫心熟面地赋予了人们果敢挺立的胆识和坚毅行进的信念？

杜鹃花开成海，情似故人浮现。此时的"蓝荆子"，正探出它们水灵温润的细软触角，迎纳着归去来兮的煦暖春意！我一路诚盼着，在"映山红"漫山遍野盛开之时，真正能"肆无忌惮"地领略那润目养心的红艳和袭人依旧的温暖……

文化推介：青岛大珠山杜鹃花有万亩之多，以蓝荆子和映山红为主。蓝荆子花期一般从4月初持续到4月下旬，映山红则一般在4月中下旬开放。两种花漫山遍野盛开时云蒸霞蔚，与片片迎春花相伴，且有翠绿松柏相衬，甚是可人。

游习体悟：青岛西海岸新区大珠山，以其杜鹃花开这一"江北第一奇观"而被赞誉为"春来飞红第一山"。登山赏花，一方面舒展了心智，另一方面也陶冶了情操。文章作者通过介绍自己前后迥异不同的观花所得，意在传播自己沉浸于自然美景的真实体验和感怀生命的内心认知。

三、一路梅香如故

三月青阳在，梅香傲海潮。

那天，久居岛城的我突然动了未泯的童心，便约了生活在郊区的"雅士老友"小海回到故乡，去老屋后边的梅岭赏花。当我们看到片片绿萼芳蕊争相呼朋引伴，占尽无边春光滋出娇梅之时，心情也立时如花般绽放开来。

我最早知晓梅花，是在上小学读王维的诗时，只觉得他那首五言《杂诗》"君自故乡来，应知故乡事。来日绮窗前，寒梅著花未?"在平真、味浓之中写尽了思念之情。但那个时候年龄太小，还不太明白"绮窗"之真意，更不懂得梅有花开时令之别。

记忆当中，当北国的故乡之春来临，微寒中含苞待放的蕴秀娇梅，至春分、清明前后，是怒放佳期。一树树祥瑞之花，以绿萼白肌的"纯美"、欹斜多姿的"曲丽"和疏密得当的"静雅"，征服了无数的微雨、兰心……在不断奔向未来的行程中，我也慢慢发现，其实自己最喜欢的，是梅花的那种在瘦瘦筋骨和卓卓傲立之中，留给观者静守纯秀和怡然自放的心智、魅力。

一路上，我们缓缓行走于梅岭之上，近感白浪拂心，远望微红吐艳。驻足之间，我不禁想起宋代卢梅坡所写的佳句"梅须逊雪三分白，雪却输梅一段香。"诗人娓娓道出了人贵于以自知之明"取长补短"的情理，使人思悟频生。又记得王安石也有"墙角数枝梅，凌寒独自开。遥知不是雪，为有暗香来"的绝唱，咏叹的是寒中怒放、洁白无瑕的梅风香骨，令人神往无限。而林和靖先生结庐于湖山，与梅鹤生缘，其"疏影横斜水清浅，暗香浮动月黄昏"的妙句，不仅描画了梅花的淡雅和娴静，也烘托出它如自己一样非同一般的韵致和情趣。

"嗯，这真是一路梅香相伴啊!"我一边走，一边暗自想着，也努力地回忆起童年里和小海一道"踏雪寻梅"的好时光:那个时候，我们时常在深夜弃了温暖的炉火，冲进料峭的春寒中，深深地品尝从户外捧起的幽幽一碗香;那个时候，我们偶尔会携着书本，跑到学校外边的小操场上，傻傻地喊诵"不经一番寒彻骨，怎得梅花扑鼻香"。那个时候，我们也会在不经意间发现隔壁班的小女生们原来也是那么喜欢痴对着梅花，静静地发呆……

此时，同行的"雅友"小海突然转过头来，一本正经地对我说:"知道吗，老兄？梅花多在5℃以下休眠，于是因南北温差悬殊，往往会有'南梅腊月竞放'，而北国'近桃月而花开'的盛景"！继而，他长叹一声，竟又诗兴大发地低头自吟了两句："眉心点画香千瓣，玉镜照影趣万重"。

我微笑着，不加褒贬地点了点头。突然之间，好似闻到了一股天使般清润、疏朗的香气。在这香气之中，我看到了一位诗人正和着梅香和墨香，挥毫而就；在这香气之中，我也看到了春天的田野、儿时的轻放和岁月的静美……

我知道，我又找到了久违的童年！

那天和小海告别后，回到黄岛已是很晚。在门外，我拍了拍身上，深吸了一口，发觉那梅香，依旧回味无穷……

文化推介："一路梅香"的原发地，乃青岛崂山脚下的十梅庵景区。十梅庵位于青岛市李沧区，为十梅庵村投资兴建的山林公园，有十梅庵碑廊、禽鸣苑和青岛梅园等。传其古时乃一处荒山野岭，并无梅花，后为人所言有十位美丽女子曾于此结草为庵，并潜心修炼，终究得道，成仙而去，留下了十株梅树。至春暖花开时节，梅花傲放空前，可谓"艳似红霞，白若飞雪"。随即便生出了"十梅庵"此一颇富传奇色彩的美名。十梅庵现已成为我国北方最大规模的赏梅园林，园区内有梅花万株，品种百余，盆景更是惹人喜爱。20世纪90年代末，十梅庵被誉为"中国梅花之乡"。

游习体悟：对于游子而言，故乡或许一直会在梦中浮现。梅香一枝，润朗涌动。人生贵在能"取长补短"，傲雪耐寒，在步步登攀中得获欣然。文章作者在"眉心点画香千瓣，玉镜照影趣万重"中，心酿斐然，览物盈怀，才伴着梅香与墨香，作出了此篇"游习"笔谈。由此也说明，学用结合是不可分割的"完整体"，理实一体是向学进知的"硬道理"。

四、乡梦不休一碗粥

"喝——粥——来！"伴着拉长了音调且又高亮的吆卖声，我们沿街循声而至，挤在人群中，围着大肚子陶缸争相买着飘香的白粥……

昨夜梦回旧时光，我又一次梦到自己回到了家乡，去一中门前的街上买粥喝。

打上小学起，我就喜欢喝粥。每当秋冬季节，一听到卖粥的老伯沿街吆喝的声音，我就会眼巴巴地向外望着，贪婪地吮吸着那飘来的一股醇香，也会努力竖起耳朵，想多听一听他那浓重的乡音：

"喝——粥——来！"

他那个"喝"字，喊得实在是简短，而"粥"呢，则一波三折，不由得你不动心！倘若是在清晨，喝上一口扑鼻而来的香粥，会感觉整个街道都好似在温热中渐渐苏醒；而到了午后或傍晚，要再喝上一碗，简直是口齿生香，能解去整日来浑身的疲乏和所有的不自在……

那真是一种我至今都会日思夜想的白美之粥！

上了高中之后，我和同学们一起吃饭的时候就多了。但每每放学后，我们差不多会三三两两地，带着自己事先备好的宽口水壶，走到一中校门外边的粥摊，美美地喝上一壶从那口特制大肚子陶缸里盛出的温烫的白粥。也正是在这买粥与喝粥之间，我们慢慢地，读懂了余秋雨的《苏东坡突围》，背熟了《春江花月夜》里的诗句，唱好了"小虎队"的《逍遥游》、王杰的《回家》以及郑智化的《水手》……令人记忆犹新的是，家境不好的同桌，也会很节省地与我们一道买上一小碗白粥，一边伴着夕阳西下在小摊边喝粥，一边演算着乏味的数学题……

后来，我就在闲时一遍遍地问母亲关于白粥的做法。忙碌中的她，总是说程序并不复杂。可我却在一回回的期待中，渐渐意识到要喝到自家做的白粥，真是一件奢望的事！幸好有一次，我在新华书店看到了白粥的做法，于是自己也尝试了一下。无奈不得要领，大米、小米与黄豆配置比例失调，盛放器具缺少过多，而火候控制得也很糟糕，致使粥糊得厉害，根本没法喝！

前不久到某地出差，听闻当地粥的做法和家乡的极为相似。寻了好久才在偏僻角落发现了一家卖粥之处，于是急着狂喝了一大碗，竟又找回了往日滋味！此粥虽形若米糊状，却不改当年口味，入口稍含豆瓣清香。我又要了一碗细细品尝，深感醇美无比。

粥摊主人告诉我说，白粥不仅能温润养胃，还有解酒之良效。但是熬制过程过于烦琐，虽老少皆宜，价格却极为低廉，一大缸卖不了几个钱！近年来，更在中西杂糅的快餐文化冲击下，被撕扯得不成了样子。因而，现在卖这种白粥的人就越来越少了。

无限地想象着当年在一中门外挤着买粥的热闹场景，我的心里顿时出现了极大反差。后来，父亲也和我说，家乡的卖粥人已去世多年，现在想喝到口味地道的白粥，是真的有些困难了。

"喝——粥——来！"

我躺在青岛静美的海边，恍惚中又一次听到了那飘在家乡街道上空的卖粥声。

沉沉乡音传梦事，阵阵浓郁恋家声。我唯有在千里之外，永无休止地念想着那从大肚陶缸里盛起的一碗碗香白之粥……

文化推介：鲁西南大地的"香白之粥"，不同于常见的大米粥、小米粥和八宝粥之类。这是一种入口滑爽、好似略带些淡淡的苦涩却又极富豆香味儿的地方美食和特色饮品。如若配上外酥里嫩、新出锅的油条或者水煎包，味道更是令人垂涎。粥缸为大肚陶缸，不那么精致；而粥勺，则是用椰子所做，长而不沉。卖粥师傅的乡音悠长，动作利索，当鲜香的白粥盛在碗里，好似有羊肉的美味儿扑鼻而来。白粥的做法并不复杂，却需要经验和火候，不仅要精选本地的优质黄豆与小米，还要使用不受污染的地下水，这样熬成的粥才会"够味儿"。头一天就要把黄豆和小米用清水浸泡，待到浸透彻之后，再用石磨磨成豆浆与米浆，而后才熬制成粥。粥味道的好坏，都在这"熬"的功夫上。

游习体悟：喝的是粥，品的是乡味儿；作的是文，展现的是乡恋；游习的是韵味，抒发的是真情。直觉得那声声入耳的卖粥声，呼唤的正是一位游子思乡、念家的思绪和心声。诚如文中所言："沉沉乡音传梦事，阵阵浓郁恋家声。"这种源自"真体验"的内心感知所起到的作用，就如同"喝一口白粥，可以尝尽天下美滋味"；也好比"唱一回乡情，能够暖化世间冷寒冰"。

五、最是纯然梨花白

2019 年 3 月底的时候，我到北京出差。身在徐州的弟弟告诉我说家乡的梨花开了！看着他发来的秀美视频，我的心早已飞到了那片千里之外的万亩梨树园。

可以想象，在一片片纯然静美的"香雪花海"中，从各地慕名而去的游人该是怎样的络绎不绝！不知那些软细轻柔的花瓣儿，又会怎样轻灵地随风起舞，是否也会为我这久未回归的游子送来一丝暖意？

我喜欢梨花的素净雅白，当微风轻轻吹过，鹅黄嫩叶便不动声色地托起一缕缕淡然的香气，纯然清丽间，不禁令人怦然心动，继而舒畅心怡起来。那一树树梨花白，皆成好诗句。我想，它们的绰约风姿，应是占尽了天下纯白和俊美了吧，不然，怎么会有"忽如一夜春风来，千树万树梨花开"如此雅洁润爽的诗情妙句！

梨花娇艳，一韵悦心如银波乍现；浅绿淡白，质朴满怀最爱是纯然。记忆中，梨花虽有素淡芳姿，却从不爽约东来紫气的盛情，它簇拥的，是静美无边的自然胜景；它傲放的，是遐思无限的心之意趣；它奔涌的，是洁白无瑕的博然气度……

回想往年的此时，适逢边城小镇的"梨花节"。衣着汉服的姑娘们，便会寻了好天气，穿梭于梨花园中，一个个白装素袖，宛若仙子。当她们摆出各种优美可人的造型，展示的不仅是静雅村落的亮丽名片，也秀出了一方梨园的妙意春韵。相比之下，这不得不让久居城市的人心生几多羡慕之情，并勾起无限的遐想和沉思—— 一阵风过，在那令人心旌摇曳的悬垂花枝当中，积存着孩童的纯真烂漫，蕴含着少年的懵然静娴，浸润着青年的浑然透爽，也接纳着老年的苍虬霜白。那满地捻落成泥的明媚和婉约，那所有遗缺的平仄和对白，不都走出了钢筋混凝土的浊气与沉郁，在这淡雅洁净的梨园春色中焕发出生机了吗？

梨白香花堆天浪，静雅韵事念雨来。在远离了俗世喧嚣的梨园春景中，行进中的我们也可以暂时地抛却人世烦恼，化作一束纯白无瑕的梨花，"着素衣，闭重门，听夜雨"，静静地开在避离了尘缘的角落；寒烟带雨中，难免会有蜂聚蝶踩，我们却要学它毫不刚硬和狂傲的柔情与气派；即便是无人问津了，也一样能以可与一切色彩相媲美的洁白亮丽去惊煞海棠春，去驱散深夜寒。

纯然当寻梨花韵，掸物看尽百花开。我懂了，也想好了！这一段行程结束之后，一定要早早地回家，好亲眼看一看那纯美如初的艳阳天，闻一闻久违多时的梨园香秀……

文化推介：在汉高祖的故里徐州凤城，因旧时黄河改道所致的黄沙滩涂，现已建成万亩果园。闻名遐迩的白酥梨、纯香盈袖的红富士……大沙河曾经的"千里香雪海"，如今已是酥梨飘香、硕果满仓，吸引着各地观赏者慕名而至。

游习体悟：无论是素雅的梨花春景，还是柔肠满腹的游子情怀，总会以纯然净美灼人魂魄，令人忘却了凡尘的俗世喧嚣，而宛若深入人间仙境。由此，也不得不令人由衷地感叹——梨花白，梨花纯，满园梨花香自来。处俗世，褪尘埃，带雨梨花诉情怀……此番场景体验，源自实地感知；文章作者内心所得，也皆成实践真知。

六、珍珠泉影念雨鸣

泉水是"泉城"济南的城市名片，济南泉多水多是其独特的地质结构和地理环境使然。从具有"天下第一泉"美誉的"趵突泉"，到章丘区内"一泓清沁尘无染，万颗珠玑影自圆"的"百脉泉"，无一不在用它们灵秀十足却又晶莹剔透的"隐珠喷涌"，描画着"四面荷花三面柳，一城山色半城湖"的曼妙泉影和怡人景观。

济南素有"七十二名泉"之说，它们可谓历史悠久，古韵深厚。其中的"珍珠泉"，位于今天的"院前街"（山东省人大院内人民会堂的西北方向），因"平地涌泉，腾如珠串"而得名。据传，它曾与"趵突泉"一起被清高宗乾隆皇帝赞誉，有诗为证：

济南多名泉，岳阴水所潴。

其中谁巨擘？趵突与珍珠。

不过，听说这里的"珍珠泉"，实为"北珍珠泉"（因济南旧城护城河还有一眼"南珍珠泉"）。其名当始于金代之谓，有《名泉碑》载其"自沙际出泉，银泡翻涌，宛如万斛珠玉一泻千里"。明清时亦有著录。久负盛名的"珍珠泉"，历代受人敬仰，加之名人雅士多有题咏，更显其文蔚风范和游习意趣。这些，从其东向的"溪亭泉"和北面不远处的"乾隆碑"可见一斑。

我第一次观赏"珍珠泉"，是 2003 年春天作为参会代表在珍珠泉宾馆学习期间。因在此之前就一直听济南的朋友们说珍珠泉底蕴深厚，很值得一看，于是心中便不免有些"痒痒"，想着一定要寻机趁便一睹为快。

记得那天一大早，我看外面的天气略微有些阴沉，好像要下雨的样子，便站在宾馆的接待大厅处看有关"珍珠泉"的介绍。介绍中写道：在济南五大泉群之中，宾馆附近就有二十一处"泉池"，它们分散在曲水亭街、芙蓉街、东更道街和院前街之间，以"珍珠泉""濯缨泉""舜泉""芙蓉泉""孝感泉"为最佳。尤其至春和景明时节，"泉城"可谓一派"家家泉水、户户垂柳"的煦暖景象，每一处泉池都会令观赏者流连忘返。而"珍珠泉"作为其中之一，和其他泉水一样汇流濯缨，煞是惹人喜爱。有传说记载珍珠泉水所涌"珠串"之所以如稀世珍奇，是因其为舜帝二妃娥皇和女英当年祈雨时的眼泪所化，后人曾作"娥皇女英异别泪，化作珍珠清泉水"的诗句记之。更为可贵的是，当年毛主席也曾几次下榻珍珠泉宾馆，得闲赏览过珍珠泉，还留下了"桂香柳"的美谈佳话。

当季正依时令，趁着雨还没有到来，我便欣然前往。站在宾馆门口，我远远地看着西南方向那一道气势恢宏的大门，只觉得这一方得缘而见的景观真是极具特色！等到往西北方向走过苍翠松柏遮蔽的夹道，便看到了一座砌栏方池，它正携伴着岸柳雅园和一座座错落有致的亭台楼阁，在清澈如碧的泉水映照下，越发显得引人注目。

当我避开周围鱼贯而入的人群，绕向西道行至"浮玑亭"时，天空中开始飘起了零星细雨，很快便"串珠成链"起来，脆然之声不绝于耳。我的心也不时地蹦跳着雨鸣般欢欣起来，继而神清气爽地看到珍珠泉的水面上涌出了一串串水泡，只见它们形若鹌鹑蛋大小，二三相连，煞是好看！再看那些多而分散的小"鼓泡泡"，它们在雨声中竟是如此从容，待到"慢条斯理"地翻涌出来，时长的间隔可真是不短啊！要是不到一刻钟左右，根本不会看到"新涌"浮现在水面。即便是好不容易翻卷了上来，也是一会儿犹如花生米大小，一会儿又像是黄豆粒形状。于是，耐不住性子的观赏者们好似"急红了眼"，大多备感无趣地移步他处了。

我一动不动地站在原地，低头微笑着，心想："倘若这泉水真能'咕嘟咕嘟'个没完，迭翻喷涌，那该是多么壮观的景象啊！"只是虽然雨泡无边，滴滴润心，均力却是有限，泉水水位上升得也实在是不够，因压力过小而致使泉水的每一次"新生"竟是如此之"艰难"！我摇头不语，感受着雨意滴落中所带来的丝丝惬意，直慨叹要想一览这雨鸣声里的"慢动作"，观赏者还真得沉得住气，也极其需要一种"缘法"使然哪！

自那次以后，我因工作、生活、出差、学习或是考试等，曾往返于省会济南不知有过多少次，却再也没有怎么去看过泉水。听说近年来由于"温室效应"、人们的节约用水意识不强和干旱等多种原因，造成了如今的济南很多泉水无法喷涌而"浪得虚名"。每当逢到雨季，我也只能偶尔想起那难能可贵的珍珠泉水"慢腾腾"喷涌而出的情形，不知它何时才能如大雨般"磅礴"而出，一如记忆中难以忘怀的润泉光影、雨来时雨鸣声里传出的眷念心声……

文化推介：此处的"珍珠泉"，特指济南珍珠泉宾馆内的那一眼泉水，与南京市的"珍珠泉"不可相提并论。它作为济南排名第三的名泉，虽位于旧城，却因乾隆皇帝御笔亲题的"珍珠泉"匾额，而成为闻名天下的独特景观，如今和周围其他的诸泉一并被称为珍珠泉泉群。伴着雪花石栏、轻杨岸柳和如碧清泉，那宛若尽撒而出的万颗珍珠，真是迷离动人，赞其"跳珠溅雪碧玲珑"，实不为过。

游习体悟："泉城"济南为名城佳地，人文荟萃，尤以泉水、垂柳等风物占尽风骚。在许多美妙的记忆当中，不仅有唐代诗人杜甫在《陪李北海宴历下亭》中写下的"海右此亭古，济南名士多"之佳句，更有元代地理学家于钦的赞颂之句："济南山水甲齐鲁，泉甲天下。"泉水甘爽清凉，"泉城"美韵令人难忘。这座城市以它灵秀的气质和旺盛的生命力，不知赋予了多少文人雅士独特的心智和前行的能量。文章作者以此篇纪念其人事和景象的变迁，虽是经年往事，旧时美好难以再现，却依然能够让人心沐"静纯"，生出不少感念和依恋来，同时亦带有"滴水当珍视，泪光照人心"的感怀与告诫。

第三节　在行走的芳香中蓄存内涵滋养

文化游习重在"知行合一"。"说在嘴上"，往往不如"行在路上"更见实效。恰似一个人在踏遍千山万水之后内心会变得更加丰盈一样，借力于躬身而行的实际探求和身临其境的心得体会，更有助于游习者体味文化内涵，并在内心逐步沉淀，累积形成系统化的认识，最终提升自己的认知能力。

一、草堂春意归

时令到了"雨水"，老友乔说，南方已是春暖花开的季节，不如趁着暖日晴风，去杜甫草堂一睹无边春意为快。于是，就这样，我们带着对草堂那些似乎总也做不完的功课，再一次欣然地飞到了成都。

晨挽浣乐香霏沁，天赐韶华尺径开。

堂摁春晖凭寄处，路湿浅树子归来。

早春时节的"锦城"，一派馨雅安宁景象。我们越过静美的浣花溪公园，依然走不出"绿色氧吧"的重重包围，等到定位于"万里桥西宅，百花潭北庄"的杜甫草堂跃入眼帘，才有了豁然开朗之感。

如今的草堂，基本上是依清代乾隆、嘉庆年间的石刻"少陵草堂图"布局所建。我们随着众人从正门而入，一路沿景区中轴线，经"大廨"，穿"诗史堂"，进"柴门"，而后又过"工部祠"，自是处处心沐草堂春之新绿。当缓缓行走于湿漉漉的青石板上，看到旁边池水中树之浅影，我随时都会感觉到脚迹好似正踏着铺满"杜诗"的小径，周身简直溢满了娇嫩梅花迎春呐喊的质朴清气和蕊香盈袖的古雅惬意，心中不禁生出无限欢喜而遐思翻飞，竟也蹦出些许"拙句"来：

隐亮堂间涂净颊，柴门新木几时发。

尘遮陌外风云卷，窗谒蓬篱落魄沙。

而后想到"为人性僻耽佳句，语不惊人死不休"的"老杜"子美，虽幼时家境殷实，七岁成诗，思壮志远，一生却是仕途多舛，即便奉儒守官，心系苍生，情蕴沉郁诗风，笔荡圣哲波澜，也难避"安史之乱"而颠沛流离地寓居至此，心中自是慨然。

此时，身旁"好古"的乔，也跟着我喃喃说道："至天宝之乱，国运衰微，杜公遂于乾元二年（759年）之末，避陕旱而进西蜀，远离干戈频扰。待子美流离转徙稍定，因得友资助，即择春日傍浣花溪畔，倚高楠之木而辟微狭草堂，又开庭院方塘，引水通渠，圈圃植药，沐于乡野春色，得一时心安……"

我不禁又心生嗟叹，乔却突然在东向回转之处，迫不及待地冲我喊道："看，前边就是少陵碑亭！"循声看去，只见在一座茅顶亭内，正立着一块镌有"少陵草堂"的石碑，为当年康熙帝十七子"果亲王"允礼过成都拜谒草堂时所撰写，字中透着浑厚笔力和苍润之气，也多少给人以如杜公般含蓄凝练与沉郁顿挫之感。

我们在此颇具标志性的草亭前端详了很长时间，而后北行，转眼间就看到了春意环绕中的"茅屋故居"。

这是一座依照"杜诗"仿建的具有川西乡间民居风格的茅草屋，真是"左松四，右桃五，古楠冲天荫茅圃"，颇有春归之意，而当我们款行于竹篱柴扉之间，遥想药栏清渠时，又更感其田园诗意。此屋本是当年杜公于危难之际遮风避雨之所，却成了后人凭吊"诗圣"、幽思古今的文域圣地。

乡郊草起韧如初，冷热颜面问药圃。

最是暮年枯槁处，庐破风吼辗寒屋。

立于屋前，我的脑海中不时地有杜诗《茅屋为秋风所破歌》中千古名扬的句子浮现："安得广厦千万间，大庇天下寒士俱欢颜，风雨不动安如山！呜呼！何时眼前突兀见此屋，吾庐独破受冻死亦足！"也在默念之间，更加敬仰其虽身处"国破""屋破"之困境，却"心有不破"而依然忧国忧民的高远境界和博大襟怀。

"嗬！想必杜公心中藏有春天，所以在他眼中也自然处处都是春天吧！"听到乔的这番话，虽还未至"八九燕来"的时节，不能见杜公《水槛遣心》中"细雨鱼儿出，微风燕子斜"的融融景象，我却也分明看到了其《狂夫》里"风含翠篠娟娟净，雨裛红蕖冉冉香"所描画出的无边春意；还有那《春夜喜雨》里的诗句："好雨知时节，当春乃发生。随风潜入夜，润物细无声。"心中不禁如沐春风而频生暖意。

草堂有春意，馨雅难忘归。"大雅堂"外，我在杜甫的石像前驻足良久，等到出了大门，挥手之间，又好似看见一位虽身躯枯瘦却有着平实之风和高贵品格的老者，正携着春风，淡雅而来……

文化推介：坐落于四川省成都市西门外浣花溪畔的杜甫草堂，为国家

AAAA 级旅游景区和国家一级博物馆，它是我国唐代大诗人——"诗史"杜甫流寓成都时断断续续驻停了四年的园居之所。杜甫在此创作出诗歌 240 余首。后来诗人韦庄寻得草堂遗址，结茅重建，遂使之得以完好保存，历代均有修葺、扩建。杜甫草堂格调古朴典雅、环境清幽秀丽，20 世纪 50 年代中期成立了杜甫纪念馆，到 20 世纪 80 年代中期又更名为成都杜甫草堂博物馆，是中国现存规模最大、知名度最高和最具特色的"诗史"行踪遗迹之地。

游习体悟：杜公之美，在于内心的沉静，在于格调的优雅，也在于境界的高远。一屋草堂，尘烟已去，唯有那位"浣花溪畔倚高楠之木而辟微狭草堂"的"诗圣"在幽思古今，虽然归燕未至，心中也藏着春天，能够"沐春风而频生暖意"。文章作者恰恰于此"游习"之中心有所得，为今后的深层次文化研习积累了实际经验。

二、爱上春雨楼

故园新识春雨楼，明珠芳榭不停休。

青砖竹影觅馨韵，回羡檀香挼细流。

载着 1986 年版《西游记》投射的印记，四月里我来到了剧中"高老庄"的拍摄场景"春雨楼"之所在地——潍城胡家牌坊街的"十笏园"。

十笏园因小得名，有着百年历史，原为明胡邦佐故宅，后被潍县首富丁善宝收为私家园林。如今，在其疏密有致的四合院落之中，东为主体居室，中建亭池山廊，西配堂馆书房。我斜倚雕花草堂，看湖山乳白圆润，韵如玲珑漪岚。当西行沿着香草云蓬的小亭北转直上，一路穿石廊，跨曲桥，即见亭池携生，立感此处东山西廊重檐叠韵，伴着南北浮空造景，实为"四面光照"在其中，个中美景煞是可人。

这真算得上是一座疏朗有致且异于江南园林风格的北方庭院！但我在心里却想着——春雨楼会不会也是令人生爱的所在？

于是，我再一次透过这座池心静亭，在榭台层现之间寻找着，竟不时会有

"清风明月本无价，近水远山皆有情"的韵味入心沁脾。眼看北面"鸢飞鱼跃"处，有八角洞门的青砖砌墙，正衬着一块静石映入眼帘。进门后，更是令人豁然，西向便是取自宋朝陆游"小楼一夜听春雨，深巷明朝卖杏花"诗意的"春雨楼"。

春雨楼建于清光绪年间，却极具宋代特点。此二层楼宇，一楼为方格檐廊，二层乃圆窗粉墙，筑以叠檐登顶。人立其中，颇感古意纯然。因是小时候看过千百遍的"计收猪八戒"一集的拍摄地，我在尽力回忆中，也更加念其在童年时光寄予的无可替代的深情，自是多有逗留。

那由清末状元、书法大家曹鸿勋手书的"春雨楼"匾额，让我不禁畅想起诗中"欲醉春雨楼，砚香十笏堂；桥通四照亭，漪岚小沧浪"的盛景来。我静静地也痴痴地念想着——如若在雨浥花影或是荷香满园之时，那又会是怎样的心境和格局呢？

恰在此时，一只春燕跃入眼帘：它携着小巧的身体，伶俐地停驻在楼檐上，随即迅捷地飞入楼间布景，刹那间再也寻它不见……

我低头不语，心想对于这般楼间所见的春芳胜景，或许会让触景生情的我们，于片刻间乍现旧时光的回念：我想起了在那单纯岁月里积攒起来的所有瞬间，也想到了"美猴王"的古灵精怪和"二师兄"的憨态可爱……继而，心中又好羡慕那一只凌空飞燕！羡慕它能够尽享一窗雅趣乘风的自在和随遇而安的惬意。

褪去神伤沐语新，情牵精巧一楼春。

隐然寻得心中念，布影重楼恰逢君。

山水园林之美，在于曲径探幽的纯然丽景和见新入胜，想必发乎于内的心恋，也由此而生吧！爱上春雨楼，或许就在一瞬间。

看来今天，我来得刚刚好……

文化推介："春雨楼"位于有着"鲁东明珠"美誉的潍坊"十笏园"景区之内，是1986年版《西游记》"高老庄'猪八戒抢亲'"一集的拍摄场地。

据记载，十笏园"西厢春雨楼前与廊接，二层东南开窗，可揽园中胜概"。其名源自宋朝诗人陆游《临安春雨初霁》中"小楼一夜听春雨，深巷明朝卖杏花"诗句。

游习体悟："清风明月本无价，近水远山皆有情。"文章作者在 2015 年的春天，好似一瞬间就"爱"上了春雨楼，可见此楼的魅力之大。这一楼的春色和它所具有的深厚文化底蕴，着实令人无限神往，也深切怀念。蜻蜓点水似的行走观瞻，是再稀松平常不过的事情，唯有"曲径探幽"或许才能使人"见新入胜"。而文中的那一只"凌空飞燕"，则是金色流年的天光月影，是稍纵即逝的纯然依恋，也是梦里千百回地想要抓住它于一瞬的美好信念。

三、经"津"乐道

在报社入职多年的朋友小刘早就和我联系，说入了冬的合肥正是好时令，希望能和我一道逛游"逍遥津"，携伴尽览锦绣多姿的安徽文化。热衷于文化"游习"的我，自是盛情难却，于是趁着周末参会途经之便，而欣然赴约。

还在去的路上，自称"发福"很多的小刘就开起了玩笑，说自己胖得如何如何离谱，自嘲穿上宽大的衣服正应了所居城市"合肥"的美名。虽然希望我寻了空闲多陪其走路的他，一个劲儿地介绍当地的"新变化"，但让我心里直痒痒的，却是诸多有关"古逍遥津"的历史。我的心，也禁不住畅想起那个曾为古代"淝水津渡"、现已扩建成市民赏玩和休闲之地的"逍遥津公园"来。

依小刘所言，公园里边的迷人景色，他是"知道"的——倘若遇上晴日爽风，漫步道中，远看园中湖水荡漾，近观草坪如毡，辅以岛亭错落和楼阁映衬，真是别有一番风味……其实，十年前我就计划过要和小刘一起游览这"逍遥津"，如今眼看着就要得偿所愿，心情简直妙不可言。

第二天，我俩便沿路缓行，快到时就远远地看到了那块挂于高达十余米仿古大门之上的匾额，"古逍遥津"四个鎏金大字煞是惹眼，从右往左念，让人仿佛瞬间回到了久远的三国时期。走近了看时，我们更加觉得那由清代状元陆润庠所书之字真是颇具大气磅礴之势，随即便在肃然中迈步前行。不想，刚一踏进公园的大门，小刘就自我陶醉起来，大发思古之情，让我这个不太喜欢"喧闹"的人不禁立马想"甩掉"他，不觉间多用了几分脚力，很快就"独步"于这一方令人心旷神怡的景胜之地了。

眼前我所看到的，是一尊张辽持枪跃马的青铜塑像。这一座"敦实"安放的五米塑像，其"威震逍遥津"的底座真是稳如泰山！我恭敬地站在园内的交叉路口，旁观着游人所经之道，霎时，一种无法亲历的硝烟征战之感在心头萦绕，耳畔也好似回响起了震天的呐喊声，夹带着惨烈的杀伐气，弥漫了周身，久久难去……

此时，小刘气喘吁吁地追上前。他端详着近旁的导航牌念起了介绍，大意是说"逍遥津"现为"合肥十景"之一、美不胜收且为人"津津乐道"，这不得不让人一下子撇开了古意硝烟，静心赏览起祖国深寓文化内涵的锦绣河山来。我们就这样边走边看，当小刘再一次犯"老毛病"的时候，我又刻意加快了脚步，一个人沿着清幽长道，欣赏起渐次入眼的嶙峋山石和错落有致的绿植路景来，发现这园子真是兼具南北园林的古朴风貌和妩媚之姿啊！

想不到在这"一津之地"，竟能领略到区域文化的"全景视界"！我正暗自庆幸着，小刘跟了上来，嗔怪我舍他孤身前行。

我笑着说："此乃'独享之乐'，实在不想'道听途说'你那些'老掉牙'的唠叨！"

听到我说这话，他反而笑了："嗨，要少了我这向导，恐怕你难以真正'怡然自乐'哦！"

"怎么？……"我不禁反问。

"'乐子'就在于，这园子，这园子可是处处有'道'啊！"

小刘轻咳了两声，煞有介事地继续往下说："逍遥津，其名虽因三国古战场而四海皆知，却最早源于庄子的《逍遥游》。此园分东西两园，扇形平面设计，步道卓显舒放情怀，时而气势宏大、境界高远，时而又玲珑秀美、安如浣碧，其间道路处处遵循了自然常理，人行其间，颇有'逍遥自在'之感而能'乐在其中'。要知道这'逍遥津公园'的外延布局，不仅有'西津桥'主通干道，还有着'飞骑桥'内攀小径哩！真可谓'道中有径，径外通道'。更有标志性建筑'逍遥阁'最佳观景台，阔远无边，宛如通天长道，人立其上，放眼四方，顿觉思绪翻飞，即刻间便能'心骛八极、神游万仞'……"

听他这么一说，我突然觉得还真像这么回事儿。

"嗯，倾心已是经年趣，古意逍遥在此津。好个'经津乐道'，果真是'有文化'！"说着，我不禁又加快了脚步。

文化推介：历史悠久的合肥"古逍遥津"，现为市民休闲的公园，园中有湖，湖中建岛，风景秀美。逍遥津因三国时曹魏将领张辽御八百军士击溃东吴十万大军而威震八方，园中立有张辽塑像，吸引着远道而来的游人观瞻慕赏。园内亭廊明净，修竹润雅，更有湖岛联桥，畅爽无边。

游习体悟："逍遥津"文化底蕴深厚，令人心生向往。虽今人对其景观识见各异，文章作者却因朋友之约而能经"津"乐道，实为难得。后又因听得友人"补课"赞赏而更加体味其文化特色，可谓多有收获。然而，对于这一颗镶嵌在合肥环城公园处的"翡翠明珠"，文章"创见"不多，有些缺失于内涵的深度挖掘，应再加斟酌，予以完善。

四、"哈市"有榆香

2019年5月，春风骀荡，我和朋友相约同去哈尔滨师范大学"双创园"参加一个学术活动。当看到市区街道两旁绿意盈盈的榆钱挂满枝头时，我们不禁诧异起来：想不到这"冰城"的春天，来得是这样晚，竟由榆钱占了半边天！

想想这个季节的"岛城"，榆钱早已变成了随风而落的残片，满目的"碎意"估计会毫不情愿地弥漫在爽净的街角里，令人心生无限感怀。而此时在这洋味十足的"哈市"，它却正"毫不客气"地尽情展露着"柳丝榆荚自芳菲"的别样情致呢，渲染着"东方莫斯科"之城独有的热情，伴着路边丁香花浓而不腻的袭人香气，和着晨风朝阳，也迎纳着四海宾朋。

榆树枝生榆钱，榆钱状如铜钱，自古即有"余钱"的谐音口彩，想必这也是它备受世人喜爱的原因吧。旧时，无论是在京畿重地，还是在中原地带，久居乡郊的老百姓对于榆钱都是极富深情的，那一顿顿窝头饭食，曾饱含了多少人辛酸的记忆？那一碗碗榆钱蒸菜，又会留下几分童年时光的余香？如今，榆钱饭菜成了吃腻了山珍海味的"潮人"们稀罕的"素食"，难得一尝后，他们往往会咂摸着"荤腥"了的嘴巴，无尽地回味着唇齿间尚存的香味。

得闲时，我和朋友步履缓行，从中央大街到松花江畔，从哈尔滨工业大学"诚意楼"到哈尔滨师范大学"双创园"，从中山路的旁道到果戈里书店周边……时令虽然已是暮春，春意依然随处可见。在鳞次栉比的建筑之间，我们远望着一株株错落有致的繁茂榆树，好似闻到一股清新质朴的香气。走近了看，微风摇曳处，拂动的更是润眼养心的绿坠枝条，整个身心不禁也随风而舞，一下子变得天真起来，沉醉在阵阵抵达内心的歌谣当中："又是一年春来到，柳絮儿漫天飘；暖风轻扬，桃花儿红了，榆钱儿窜上了梢……"

歇停时，我们在一株略显低斜的榆树下驻足良久，也试着踮起脚尖端详那一簇簇绿意萦怀的榆钱，想闻一闻它虽看似单薄却深寓枝头的香气，不禁又想起了唐代韩愈的诗句："草树知春不久归，百般红紫斗芳菲。杨花榆荚无才思，惟解漫天作雪飞。"

是啊！榆荚和杨花一样，都是名不见经传的"人世凡花"，却不因"无才思"而失掉自绽芳菲的志趣，去辜负大好的春光！当华灯初上，点点彩光炫亮了榆树的躯干，却更为枝头的"绿钱"添了几分神秘的"诗意"：

莹挂喧天浪，晴柔饰暮墙。

顾痴行令起，踱步寻榆香。

等到我们归来，西海岸新区已走进了"非常青岛"的夏天。眼看着繁花已逝，绿肥红瘦，而"哈市"却好似春意正浓，我在心里无尽地惦念着刚刚苏醒的"哈市"，静心点数着几日来在哈尔滨留存的美好记忆，再一次地回味起它别致却又充满芬芳的余香来……

文化推介："冰城"哈尔滨，乃黑龙江省省会城市，是中国东北地区重要的中心城市和国家重要的制造业基地，被誉为"欧亚大陆桥的明珠"。作为国家历史文化名城，哈尔滨也有"东方莫斯科"和"东方小巴黎"之美称，并于 2018 年荣获全球首批"国际湿地城市"称号。作家阿成有著作《哈尔滨人》（2014 年 4 月南京大学出版社出版）问世，全面展现了哈尔滨的风土人情和文化风貌。

游习体悟：美丽的"冰城"哈尔滨，是一座有着国际范儿的北方城市。它虽然和海滨城市青岛有着不一样的地域特色与街景风情，却在绿意迭出的"错落"之中给人留下了难以忘怀的记忆。美景醉心，美意怡情，尽管哈尔滨的榆香在"迟来的春天"里为文章作者撒下了一抹抹纯净而美好的回忆，却是余香无穷，别有一番滋味在心头。这种深入实地场景的"参与感"，于人于己，都是不可多得的财富。

五、沉香亭下丹韵来

早就听说，在"百年名校"西安交通大学的北门之外，有一处融现代科技理念和盛唐人文底蕴为一体的城市公园，它，就是唐时即以锦绣牡丹的"国色天香"而著称的兴庆宫公园。四月里，趁着一次出行的机会，我和好友便慕名而至。

其实，在青岛时，我们就通过网络做了不少功课，了解到兴庆宫公园，作为我国最古老的历史文化遗址园区，建于唐朝时兴庆宫遗址之上。每到花开时节，园内龙池东北的沉香亭下、百花园中，数不尽的红、白、紫色与跃动着花火的郁金香争相竞放，伴着含苞待放的芍药，成为时之盛景。

沉香亭是一座仿古建筑，为唐时玄宗和杨贵妃赏花之处，今有水泥台基沉稳筑垫。看到郭沫若先生手书的"沉香亭"金匾，更令人有梦回唐朝之感。我站在沉香亭下，静静地感受着这无边光景：端望重檐宝顶，暖风如沉香沁脾；北看丹姿拂动，绰约曼妙如画中游走；东向则处处姹紫嫣红，贵美无限……春风骀荡之中，文友们自是有着各种姿势的摆拍。而此时的我，心若帆动，满脑子都是李白名动天下的《清平调》诗句：

　　云想衣裳花想容，春风拂槛露华浓。若非群玉山头见，会向瑶台月下逢。

　　名花倾国两相欢，常得君王带笑看。解释春风无限恨，沉香亭北倚阑干。

　　当渐行而至沉香亭西南处的牡丹台上，不禁又有"贵妃醉酒"的风流史话涌入脑海。不觉在观赏间也心生感叹，想着四海升平、万国来朝的"唐城"，曾是那么的盛极一时。而在花团锦簇之中，唯有牡丹的"倾城国色"，以其雍容华贵的气质冠压群芳，不仅艳若朝霞，也绝尘脱俗，即便是被人戏谑"米价方贵，居亦弗易"的白乐天，也有"花开花落二十日，一城之人皆若狂"的赞誉；"醉吟先生"皮日休更是大胆地颂其馨姿盛况："落尽残红始吐芳，佳名唤作百花王。竞夸天下无双艳，独立人间第一香。"

　　然而，行走在这蔚为壮观的繁花之间，不光会有"煦暖笑闪"的"人间四月天"裹头盖面，亦有沉郁寡欢偶尔浮现：我想到了曾以《渭川曲》迷倒玄宗而成其身边"红人"的乐工李龟年，虽善歌精于筚篥、羯鼓，却是命运多舛而流落江南，终至抑郁而亡。不知诗人王维那首《相思》中的红豆，可否能够挽起他曾有的辉煌岁月？也想到辛弃疾曾借李白诗意发出壮志未酬慨叹的"贺老定场无消息，想沉香亭北繁华歇"。它们，似乎都与当前满眼芬芳的牡丹盛景格格不入。这飘香的牡丹啊，想必在惠风和畅和香花弥漫之间，已经看透了历史沧桑而变得越发淡然了吧！

　　风过丹丽香满天，当空神朵越流年。

　　安知长乐乾坤日，竟寓亭中顾玉阑。

　　是啊！世间万物，皆有韵致。纵然是春花烂漫如初、幽兰香飘万里，也不可缺失杜鹃啼血沉郁和夏荷秋菊深蕴，一如这牡丹博然的胸襟下所深藏的睿智和情怀。我在亭下暗暗思索着，心中不禁也似有万千牡丹花王的韵味涌出，于是迫不及待地放眼看了看这古雅俊逸的沉香亭，只见此时，在它怎么也高不过的牡丹的艳丽之中，早已开满了舒畅……

文化推介：史称"南内"的兴庆宫，位于唐朝长安城外，为唐玄宗身为藩王时的府邸。作为"唐城"三大宫殿群之一，兴庆宫内建有兴庆殿、大同殿、勤政务本楼、花萼相辉楼和沉香亭等诸多建筑，今在其遗址处开辟了兴庆宫公园。兴庆宫曾是唐玄宗开元、天宝时期的中国政治中心，也是唐玄宗与杨贵妃久居之所，至唐末时城池被毁，渐被废弃。沉香亭为兴庆宫中的重要建筑，位于宫内龙池东北方向。20世纪50年代末又于原址复建，成为遗址公园的标志建筑之一。词人辛弃疾曾在《贺新郎·听琵琶》中对其有所描述。至花开时节，牡丹国色天香，盛然奔放，颜色各异，煞是惊艳。"诗仙"李白曾留下"解释春风无限恨，沉香亭北倚阑干"的诗句。

游习体悟：牡丹为花中之冠，具有倾城国色，且又雍容华贵。不管是兴庆宫公园之内，还是沉香亭台之下，其香都极为脱俗，也深藏着睿智、大气和博然之情怀。历史已然远去，今人理当奋进。然而，此篇"游习"文字实非沉溺于唐城旧事和繁花盛景所得，主要是想要表达心意平和的常人心态与淡然雅致的悠远心境，也为进一步的文化品鉴积累素材。

六、蔚然深秀醉翁亭

最早知晓醉翁亭，是在中学的课本上。从那时起，我就千百回地在梦里畅往文中所言之"三乐"。初夏时节，结缘而至安徽滁州，终得一见此座闻名遐迩的灵秀、纯然之亭。

醉翁亭精巧独特，坐落于城山一体的滁州琅琊山麓，历史悠久，古韵丰厚。作为国内"四大名亭"之一，其为北宋时山僧智仙和尚所建，并因一代文坛领袖、唐宋八大家之一——欧阳修的惊世散文《醉翁亭记》而得名。

细细想那《醉翁亭记》，简言深意，其味隽永，其中的大部分内容我如今还多少能够背出。文中的"醉翁"，乐天而豪放，能以"山水之乐"拾掇世间景致，能以"宴酣之乐"舒展个人心智，也能以"与民同乐"施恩以朗朗清远，并以此"三乐"使平易文风畅达于世，超越"小我之心"，释放出自我心绪且深入浅出地阐明人行于世"乐在其中"的至真义理，实为我辈享用不尽的财富。

当我于景区漫步缓行，一路似有潺潺水声不时拂入耳际。渐至亭中，看到东坡先生手书的"欧文苏字"，颇感古意盎然，竟不觉随口而出"峰回路转，有亭翼然临于泉上者，醉翁亭也"的文中好句。待到行走于草木蓊郁的亭之周边，果真即有"醉翁之意不在酒，在乎山水之间也"的绝妙意趣和明爽心境频生于胸。

我静静地站在亭下，看那紧靠峭壁的飞檐，竟似拔地冲天意欲翔至云端的雄鹰猛然间定于空中，回首俯瞰清泉滋养出的蔚然深木。此亭古朴，结构紧凑，曾见证了无数个春夏秋冬，抚摸过万千种林岩气霭。亭台虽历经数百载劫修复建，却依然健朗、整洁。想到欧阳文忠公时之境遇，寄情于山水之间自是人之常情。然而，能以儒家风范将个人哀愁消融于自然山水美景所包孕的"与民同乐"旷世情怀之中的，自古以来却是不太多见。

我不禁想到了乐天忘忧的东坡居士、忧国忧民的范文正公，想到了刚正不阿、"乐天知命"的"包青天"和政声卓闻、以苦为乐的"一代廉吏"于成龙，也想到了古今所有即便个人失意却也能随遇而安、善德养民的善人和好官，其语中可见真善，其德行蔚然如风……

想着想着，在翠山成群环绕的飞檐叠韵之中，我似乎又有了新的收获。虽然我们所处的时代大不相同，但欧阳先生寄情于山水排解苦闷的法门和冲破陋弊渴望随处见喜的气度，堪称每个人学习的典范，也令人心生敬佩。嗯，没错！此亭的确让人"心醉"！我想原因大概是其质朴晓畅的"绝然"，恰由摒弃了矫饰与做作之心而蕴秀的"蔚然"所致吧！

文化推介：醉翁亭位于滁州琅琊山，是欧阳修游赏和办公之地。庆历五年

（1045年），欧阳修至滁州，结识了知音琅琊山琅琊寺住持智仙和尚，僧人为方便欧阳修游赏风景，特意在山麓建造小亭，并有欧阳修作记，《醉翁亭记》由此而生。如文中所言："太守与客来饮于此，饮少辄醉，而年又最高，故自号曰醉翁也。"今醉翁亭景区内建有古梅亭、影香亭和意在亭等景点。

游习体悟：醉翁亭极具灵秀而卓显其蔚然、纯然风貌，不仅颇具清雅古风，也深寓旷世情怀。文章作者以其"蔚然深秀"之特色，将心中明快的感念诉诸笔端，表达了自己心慕"儒风"而意欲寄情于山水、不染凡尘的内心情致，可谓"游习得真义，旷达于胸襟"。这种体验和认知，唯有通过"游习"的方式才能获取。

七、寻梦无锡到蠡园

2014年金秋十月，我受朋友邀约，欣然而至江苏无锡。当我从江南大学缓步走出来的时候，恰与不远处的蠡园相遇，颇得其缘。

我早就听说，古朴的蠡园于2006年落成于蠡湖之滨，是吴越文化的一个缩影，所以，很想能亲临其间一览湖山胜景。多年以来，一直对其魂牵梦萦。

如今梦圆，这当然也让我此行游兴更浓！于是，我就迫不及待地穿行于游人之间，自正门而入，一路穿廊过洞，绕山越障，所见随即渐渐开阔起来：在近在眼前的修竹一坞里，设有"范蠡西施故事"的画廊，画廊又接连着"思越"小亭，小亭蕴存的风景堪称绝佳，令人恍然如再一次置身于吴越梦境。当行至歇脚之处，更有"滴翠""溢红"春夏两亭，好似正伴着"醉黄""吟白"的落叶、秋风，在铺地砖刻上，托起了质朴的岸堤和沧桑的石山……

等我行至寓指"龙凤呈祥"的六角一亭，看到绿瓦红柱所撑起的奇妙幻景之时，心中更是豁然开朗！

我看那"六角亭"处，是一个直通鼋头渚景区的码头。在此码头，乘坐仿古木船，经蠡湖，便可到达有着2400余年历史的小岛——西施庄。

还没等到游人们下船，就有一尊西施手提着花篮款步而行的白色雕像映入眼帘。等走近了端详，我越发地感到，在这里，依然处处可见"鱼米之乡"的蠡湖胜景，也随时能够体味到山明水秀之间所洋溢着的柔情、蜜意……

"计然桥"上，我放眼望去，仿佛看到远古的将士们正血沃沙场，渐有厮杀之声震耳欲聋地传来，而那些"助越灭吴"进又安国富民的妙计，又着实让人心生许多敬意；"画眉亭"下，当我看到唐代诗人杜牧的名句"深秋帘幕千家雨，落日楼台一笛风"，深深感到红木黑字之中寄存的古风、妙义，不禁又想起曾驾一叶扁舟携西子隐于三江五湖的范蠡大夫，其行为真是令人叹服，其情又可谓悠然畅然！"崇殖轩"中，我也好似听到了"陶朱公"心酿商经的晨起之声，原来他是在用孜孜不倦谱写着自己"儒商鼻祖"的美名；"睦亲亭"里，又可见其携手乡民，饮酒品茗，每一个角落里都是欢腾的场景……

等到离开蠡园，踏上了归程，我的心仿佛还留在古意盎然的景区之内。不过，虽然没有走出那风云诡谲的吴越春秋，却也备感心意澄明！想那范蠡忠勇可嘉，后又谋商钻营而富甲一方、造福于民；而"浣纱女"，也不只是秀媚"沉鱼"，更在忍辱负重中以身救国，自是令人心生无限崇仰之情而跷指赞赏！

想着这千古佳话，也回念着旖旎的蠡湖风光，我更是感到美不胜收，满心想着此行寻梦无锡，真是有说不尽的收获……

文化推介：位于无锡市蠡湖之滨的蠡园，为"太湖"区域的主要景点之一。蠡园风光秀美，以水景见长。内有蠡湖，相传为春秋时期越国大夫范蠡偕西施泛舟之地，蠡湖因人得名，人又因湖而生根。民国初年，此地曾建有"山明水秀"区景。20世纪二三十年代，王禹卿父子兴建了蠡园，其后渔庄长廊，携趣相连；又有"层波叠影"新时景象，终使蠡园成为国家AAAA级旅游景区。现蠡园内有"西施庄"小岛，欲要赏鉴其文化深韵，乘船往来可观。

游习体悟：在教科书中，"陶朱事业、端木生涯"时常会被提及。这里的"陶朱事业"，指的就是陶朱公范蠡用"商经伟略"开创的宏伟基业。范蠡也被尊奉为商人鼻祖，堪称儒商典范。此文围绕着他和西施之间的爱情传说故事，细致描述了蠡园中"西施庄"的历史陈迹，并结合自身感知和体悟，抒发了内心感触。在不虚此行的"寻梦无锡"旅程中，文章作者拾获的不只有"读万卷书，行万里路"的至真妙理和流传千古的佳话，更有对在历史洪流冲淡的尘烟中创造精神和善美道义的探寻。

八、愿邀微雨到兰亭

时令早已过了"雨水"，我从北方的岛城几经转停，向晚而至有着"水乡泽国"美誉的古城绍兴。翌日晨起，虽有细雨渐沥，我却能处处感受到此地绵延不绝的和暖景象，便向着兰亭景区缓缓走来。

粗线条地知晓兰亭，最早是在小学时的课外读本上。而今终得一见，知其名称竟是源于越王勾践于此"植兰"以至汉朝时又设"驿亭"。后来，兰亭成为东晋"二王"的归园居所，自古至今曾几经重建，明清时以古朴雅静为世人所供赏。

旅行攻略介绍到，兰亭有"一序""三碑""十一景"，我却独对其"曲水流觞"较感兴趣。这当然应归因于王羲之在《兰亭集序》中所记"此地有崇山峻岭，茂林修竹，又有清流急湍，映带左右，引以为流觞曲水"之句。此行心意既定，我便一心想着即便细雨霏霏，也要心目晴明地赏个痛快！

"嗨，就让它'随风泽润、纤细无声'，随缘来去吧！"我口上虽这样嘟囔，心里却在惦记着兰亭那一处最为知名的景点。

史载永和九年暮春之初，王羲之曾携数十人在兰亭沿溪集会，酒酣之际，遂乘兴写就震古烁今的"天下第一行书"。我虽不喜饮酒，练字也半生蹉跎，当一路行来，看到"之"字形的曲水胜景，却也无限遥想着——焚香奏乐之际，荷叶托行之时，那自上游顺流而下的玲珑酒杯，果真会有如此魔力，能使人雅兴大发而走笔起书吗？曲水邀欢，尽展纯然；无论赏罚，皆成雅趣。而王字"飘如浮云，矫若惊龙"，时下却以"鼠须笔"和"蚕茧纸"作序，竟是如此俊雅和秀逸！

我一边感受着和风细雨，一边满目含情地缓慢前行。当走过兰亭立碑，便到了古色古香的"流觞亭"，即王羲之吟咏而成《兰亭集序》的地方。我仰头看那卓显豪放气度的匾额题字，只觉得酣畅不已，心中不禁积聚起了许多暖意，很有"吹面不寒杨柳风"的感觉。两旁的"此地似曾游，想当年列坐流觞未尝无我；仙缘难逆料，问异日重来修禊能否逢君"对联，更令人心生无限遐想。一时之间，"兰亭修禊图"和"曲水流觞图"的陈列供赏，也都在我面前顺理成章地变成继续品赏的绝妙经典。

细雨飘落无声，我站在亭下，心里却寻不到片刻安宁，竟一时忘言。眼前浮现的，皆是列坐于曲水近旁的文人雅士争相吟诗作对的欢欣场景。在其推杯换盏之间，我也仿佛听到了"快然自足，不知老之将至"的人生慨叹和"虽世殊事异，所以兴怀，其致一也"的通畅雅趣，大有"情归一处"之感。

珍贵在我，乐存其心；无畏风雨，便得纯真。我实在是敬佩王羲之这般以善美静纯去追问生命真谛且能在无迹、无痕之中彻悟于山水的情致！不知怎地，在其不惧谈生死、超然于物外的言语之间，我猛然又想起诗人席慕蓉的诗作《邂逅》中那一句穿透了尘世风雨、解劝人之心绪的生命感言："啊，亲爱的朋友，请别错怪那韶光改人容颜，我们自己才是那个化妆师。"

回到住处，我依然沉浸在兰亭那"倾心赏乐、贵在诚真"的温情妙义当中。看着窗外渐渐明亮起来的天空，我却想再邀来一袭风雨，将其洒向兰亭，也洒向大地！然后亲手洗去内心深处那一抹抹原本不该有的苦闷和愁绪，让前行的心志不再徘徊在门外，也让眷恋的情思不再流连于原地。

这样寻思着，不觉胸臆全开，进而渐渐地释怀，越发觉得这微雨过后的兰亭秀色甜似香糕，也美得可爱，特以诗为证：

沿途曲殇数梦萍，轻摇纸砚铺兰亭。

山接酿舍长流水，莫恋千愁风雨娉。

文化推介：位于今浙江绍兴西南兰渚山麓的兰亭景区，为东晋时期著名书法家——"书圣"王羲之的园林居所。史传春秋时期越王勾践曾于此"植兰"，至汉代时又设驿亭，遂名为"兰亭"。明嘉靖时期兰亭得以重建，而后几经改建，其明清园林风格形成于 20 世纪 80 年代。

游习体悟：论文章作者因心慕浙江绍兴古城文化底蕴而尽览兰亭景观，感其无穷韵味，不禁心意澄明，也基于时情时景，在内心生发了一些体悟，大有"心满意足"之感。王羲之的一篇《兰亭集序》，写不尽诸多赏心悦事，也道不完几多人世慨叹。文章作者在此"游习"之作中，所得尤为丰富，即"吾辈当以平常心态诚真立世，做好自己，且歌且行"。此番体验无疑令自己受益匪浅。

九、光芒，一路向南

"日月光华，旦复旦兮。"我冒着严寒，从青岛西海岸一路向南，走进了复旦大学这座赤诚至臻的国家"双一流"建设高校和处处都以纯然雅洁涤荡人之魂魄的知识乐园。

当站在"中国高校第一楼"——"光华楼"下时，我，一介书生，仿佛再一次地看到了那座历尽沧桑、雍容不凡的"相辉堂"建筑，加之纯美典雅的数学楼建筑小白宫——苏步青等大家成长的学术摇篮。会心之时，继而又想起那座虽薄实厚的《复旦诗魂》书之铜雕，是它将诗意的宁静、雄浑的气度、含蓄的缄默和激扬的才情尽情显露，给予了海派高校以更多的馨雅文气和诗情画意，并蕴以简洁与含蓄，虽历久而弥新。此时，平实的"望道路"，正将燕园、曦园紧密拴系，使得厚绿漫坡，一股脑儿地齐聚于正门之前，真是静美至极！

在我看来，这当然是一种特立而卓然的"海派"风韵。它虽比不了北大的兼收并蓄，难敌清华的磅礴帅气，也无法与西北高校的高远瑰丽相媲美……却也是能使人心向往之的整塑心志、蜕弃浅薄的精神殿堂。

曾在春意盎然的季节苦洗沙尘，望眼北川；曾在挥汗如雨的时令头枕河橹，觅雨踪南；也曾在飒爽风靡的节气集爽云天，……但无论是料峭春寒，抑或雪顶神烟，不泯的都是那一抹抹难撵的情愫和一心的执念！"博学而笃志，切问而近思"自是不可少，然而，在我看来，人之立世，不仅要读万卷书，更得行万里路。至少，我们也得有走出地平线和走好"最后一公里"的心志与胆识！行走在这静谧的人文乐园，也会发现，原来很多时候，淡妆素裹的美丽，其实就积存于点点深蓄和丝丝眷念之中；而不加修饰的脸面儿，往往会远比刻意的粉饰更加具有真实的魅力！一如这令人心生光明、随处可以改变世界颜色的复旦校园。

一路向南，犹记"申江烟雨多喜乐，沥水沃源赶新天"。当置身于校园的丛林漫道之中，感受着"路漫漫其修远兮，吾将上下而求索"的圣古远训，心中也会有新的识见：曾经纠结过的——成章本是无痕事，却为滩涂借酒烧，那是懦夫的行为举止；正在思忖了的——得失全在一瞬间，进而不禁遥想，原来很多时候，人生的光华闪耀，也是在方寸之间，而生命的兴荣与释放，却只有一步之遥。会留下伤痛吗？当花殁于枝，叶落于时，难掩的依然是它灼灼生机背后无法藏匿的无限芳华、经久不衰的内存张力与外露灵秀。它们，又何尝不是所得！

光芒，一路向南，让我的内心生出了无限的光明，也以一颗更加孜孜不倦的心去感受身边所有的美好——再寻觅，眼前有霞飞一路；说温暖，心浴光芒在复旦……

文化推介："日月光华，旦复旦兮"，创建于1905年的上海复旦大学，其名取自《尚书大传》。复旦大学原名复旦公学，至1917年其名确定为复旦大学，是中国人自主创办的第一所高等院校。复旦大学与上海医科大学合并后，在2017年入选"双一流"建设高校名单，成为国内顶尖、世界知名的综合性研究型大学。

游习体悟："日月光华，旦复旦兮。"行走在复旦大学这一哲思韵理无比厚重的"人文乐园"和"静雅殿堂"，能使人处处心沐光明、时时可得学术之风，也不禁"养天地之正气，发体悟之感怀"。即便是置身于丛林漫道，也一样能够体会到"路漫漫其修远兮，吾将上下而求索"的圣古远训。一路向南，芬芳即会在朗润的"游习"之中乍现，那是哲思文域里积存的生命之光，宛如天穹中璀璨的星辰，闪现在溢满了光亮的精神殿堂里。

十、心羡铁塔志凌云

逢见晨景意乘风，卷韵高梯遮雾重。

步拾湖山嗔念处，芷璇均在塔身中。

当我走出河南大学那座悬着"百年学府"匾额的大门时，就来到与其只有一墙之隔、被誉为"中国百家名园"之一的开封铁塔公园。此时，周遭的晨雾还未完全散去，整个人宛如行走在仙境之中。

还记得数年前国庆期间曾和学生宏安一起来"菊城"看过一回铁塔，那时已近黄昏。虽然仓促，我俩还是在绿树成荫、殿阁点缀与夕亭映波的豫风秀景中，赏玩得如痴如醉，不仅近观了铁塔，还径直登上东北方向与其遥相呼应的古老城墙。如今时景依旧，虽是春蕊初现的季节，半色清朗的晨雾却挡不住我只身再游的兴致，竟没有丝毫的倦怠。

我早知道，这座"八朝古都"里的千年铁塔，号称"天下第一塔"，始建于北宋皇祐元年。八角铁塔，共有十三层，高55.88米。塔身初为木质，后遭焚毁，宋仁宗时再建，通体皆为褐色琉璃砖筑而成。因其形同铁柱，自元朝时起便被百姓称为"铁塔"，其以卓绝的建筑工艺和挺直的气派景象闻名于世。如今，亲见的感觉依然新鲜，只是在雾中抬头远观，更多了几分神秘之感。

"横看成岭侧成峰，远近高低各不同。"等我这次走近了看，发现同样是高耸的铁塔，竟和远望它时的模样大不相同，整体感觉也变化了许多。那榫槽密合规整的结构造型，撑起了挺拔硬实且又略带重彩古韵的塔身，配以栩栩如生的飞天麒麟、卧狮降龙和色泽艳丽的彩塑花卉等铁色砖饰图案，看起来竟是如此传神！其外观所用的琉璃材质，据说能抗风雨侵蚀、防火热危害，虽久经战事洗礼和天灾磨砺，却依然心慕翔云，屹立如山，不禁令人叹为观止。

看着看着，我不觉惊羡于它的硬朗风格来，想那多舛岁月，千年历史长河泛起几多惊涛骇浪，任你震险惊诈、风暴消磨，抑或火炮毁摧，虽历患劫难，尽遭天灾人祸，皆以牢固和坚实"一笑而过"。我也惊羡于铁塔的巍峨气魄——无数次脱胎换骨的修葺，也无法改变它的铁面风貌；跨越百年的垒擦，也掩饰不了它的信守执着。我更惊羡于其博然胸襟，即便历经沧桑，依然笑傲于湖山圣水，尽览岸芷汀兰、玉树临风，体味人世冷暖；纵然得见叠彩峰岭的秀美景物，也不惧酷暑孤寒，甘守寂寥且心寄高远，以俗世鲜为人明的凌云壮志拔地冲天……

如此心想着自东西行，我不觉走到了通往公园西门的干道起始处。此时，晨雾已然散尽，当我又一次清晰地看到北宋书法家米芾所写的那几个字——"天下第一塔"时，心中油然生出无限敬畏。于是，从右往左端详着字的运笔意向，竟觉得这赞誉真是一点儿都不为过。嗯，没错！它们好似正在向人们昭示这座古城铁塔尽览的无边风雨和卓显的超群技艺，以非同一般的高度诉说着无与伦比的美丽……

文化推介：铁塔位于今河南省开封市铁塔公园内，原名为开宝寺塔，始建于北宋皇祐元年（1049 年），高 55 余米，八角十三层，通体皆镶嵌褐色琉璃砖，颜如铁色，自元代起民间称其为"铁塔"。史载铁塔前身为木制所造，宋太宗时建成，为供奉吴越国进贡之阿育王佛舍利所用，名为"福胜塔"，至宋真宗大中祥符六年又赐名为"灵感塔"。他已经塔影伟丽，有"天下之冠"之赞誉，后于宋仁宗时遭雷击焚毁，皇祐元年得以重建，后朝对其多有修缮。铁塔为国家级重点保护文物，现铁塔公园现占地 51 余公顷，水域面积约占 20%，公园内建有"竹园""梅园""赏心园""盆景苑""天下第一塔"碑、"极乐世界"牌坊和"接引殿"等。

游习体悟："塔有凌云志，慕名千里行。"无论世事风云几多变幻，铁塔依然掬笑傲立并志存高远，这种气度和胸怀值得游习者学习。铁塔不畏风雨，屹然高耸，挺拔之姿显现出内在的坚毅和沉稳，为追梦者树立了榜样。古语说："老骥伏枥，志在千里；烈士暮年，壮心不已。"这种高度和志向，没有年龄差别，也不受地域条件限制，成为游习者努力的方向。这是在告诫大家——实践过程中，"需学铁塔样，勇攀峰之巅"。

十一、留得此韵忆同里

"枕桥轻摇乡河橹，退思寄寓古意中。"近日，阅读作家张抗抗的《梦幻同里》，我再一次地抚摸到了这座令人心生无限感怀的千年小镇。

记得大学刚毕业进报社工作那会儿，曾不止一次向往过同里古镇。只是，当时苦于工作奔波忙碌，难以遂愿，仅是"做了做梦而已"。好在几年前的夏秋时节，恰有一次出行至吴江学习的机会，我于是寻了方便，在一片"菰蒲细雨"中领略到了它的秀美景致和质朴情怀。当时心情真是激动得很！只觉得那里处处都有着看上去很顺眼的石桥、宅院，水韵里洋溢着雅韵，而在那些由一块块微凉频生的青石板所勾连的门庭古韵之中，更多透露着的还有一种略显"小家碧玉"风范的清新质感。

在我看来，相比而言，同里虽也是"家家临水，户户通舟"，却丝毫没有半点的轻狂，无论格调明丽，还是浓烈，不管风韵素净简朴，还是果敢超凡，总是勾勒得那么恰到好处，令人毫无牵强附会之感。而在一座座卓显精巧的古桥、院落当中，也能让人随处可见在那些辨识度几近为零的"网红"水乡榜单里不可多得的古朴、庄重与雅正，真是如同多年前听过的一首歌中所唱的那样：像是江南一位端庄的窈窕淑女，将万千"美好"播撒在了古桥古船的娟绣里和古街古巷的篆刻里……

我，就是这样被它澄秀静美的神韵陶醉的！

且不说"同里三桥"稚拙雅朴的遥相呼应、罗星洲岛的烟波浩渺和明清上下两街的富庶繁盛，单就"退思园"一丝一缕"进思尽忠，退思补过"的哲思义理和身处其间"移步换景"地尽览峰石花木的"混搭"格局，就难以道得尽、说得完！更何况，还有"嘉荫堂"宅第中木石雕工的精巧缜密、"耕乐堂"院落里亭台楼阁的清幽明丽，以及"崇本堂"街桥上拴系的精湛技艺……我总觉得，同里真正给予我们的，是它流经千年的馥郁芬芳里那一份简素风韵和骨子里不失纤巧的内存底气，为不少景点所难以匹敌。

"留得此韵忆同里，览胜何须锁月门？"很多时候，很多水乡的那些刻意雕琢的"小桥流水"装点的"粉墙黛瓦"，未必都能成为绝佳靓景，正如生命的真彩不需要任何"虚情假意"的描绘和渲染一样，一江烟雨，星点村落，美就美在它的干干净净和安安静静。过多的商业化思维，想必也只会让天然的纯真和美意沾染上本不该具有的俗气与浊气！而真正有价值的，却在于"过往"的人们于万千景致筛落的斑驳光影中，能够豁然捡拾起的那些"见于心"且"安于心"的情致和心境。

盈然难藏匿，此韵在同里。走过同里，余韵长留，我想，它不仅仅是同在纯然的"梦幻里"，同在欣然的"思念里"，也同在永不止步的"寻觅里"吧……

文化推介：位于苏州市吴江区的同里水乡文化古镇，现为国家 AAAAA 级旅游景区。同里旧称"富土"，卓显"醇正水乡，旧时江南"的特色，乃江南六大古镇之一，至今已有一千余年的历史。同里古镇在唐代初期曾易名为"铜里"，至宋朝时又拆旧名，更新为"同里"。同里古镇为五湖环抱，有连桥架接并网分七岛，可谓"家家临水、户户通舟"，历经宋元明清时期，石桥仍然保存完好。20 世纪八九十年代，同里古镇先后被列为国家太湖风景区景点之一、江苏省首批历史文化名镇，其水乡古镇景区和"退思园"位列世界文化遗产名单。

游习体悟：蜕去了俗气的同里古镇，有着位居太湖之畔苏州吴江区的得天独厚地理之便，因其别致的"小桥、流水、人家"，而享有"东方威尼斯"之美誉。同里风景优美，水韵无边，在沧桑古朴的水桥建筑之间，更孕育出众多名人雅士。尤其是那源自《左传》"进思尽忠，退思补过"之意的退思园和卓显精湛技艺与深厚内涵的崇本堂，更能给人留下回味无穷的韵味。文章作者的亲历体验和内心认知，如梦似幻般穿廊过弄，却皆成风景，使人深受裨益。

第四节 在探求的旅途中丰富认知体验

理想的目的地是一个人在内心树立起来的高峰，而不畏艰难险阻的探求，则需要不断向上、勇往直前的胆识和心智。在这个勇攀高峰和不断探求的实践过程中，游习者需要接受磨炼，在苦乐参半中昂扬斗志，不断地丰富自身阅历和积累实践经验。这无疑正是应用型卓越人才培养较为注重的地方。以下篇章从不同角度对此作了个性化的解读，意在通过别样的视角审视文化游习的作用，并形成新认识，为应用型卓越人才培养提供借鉴。

一、也学海棠开

湖韵倚庐酩酊爱，廊前游走四方痴。

恭王府里春深寄，正是繁花相送时。

暮春时节，我受朋友之邀去北京师范大学学习。一个午后，闲来行至有着"燕京胜景"之一美誉的什刹海明珠街区，便走进了"前清"最有故事的"恭王府邸"。

一路穿廊而行，至湖心亭北"海棠轩"前檐，有恭亲王后裔所书的"澄怀撷秀"匾额。我先是远远地望着，看那俊逸方正的字体，心中亦泛起无边春潮。而后，便急切地穿过拥挤的人群，走近了那曾被"钦点"过的祥瑞春花——"海棠"。

只见在优美树姿和林立奇石的掩映下，数不尽的烂漫春意正裹裹贴贴地捧出似锦棠花：未盛开的，蕾正红艳，犹如胭脂泪点；已然怒放的，颜若明霞满天，在红润渐变的簇拥中，越发显得"雅俗共赏"……

"大家知道吗？这海棠花呀，可是有灵魂的！这里的和故宫御花园、北京中山公园等处的一样，别看它们常被植入庭道周匝、河滨池畔，却是花月玲珑，香气袭人，待到秋后金果挂枝之时，更有奇妙惊现……”

听着身旁导游饱满而多情的介绍，看着眼前"玉棠富贵"氤氲出的无边春色，我不觉沉浸在楚楚有致的花雨馨香中，暗暗许诺再来，思绪也自然得到了无限延展。

不知怎地，我首先想起的，竟是小时候背过的《声律启蒙》里的"海棠春睡早，杨柳昼眠迟"之句。随即，美好的感觉不断地涌上心头，就又想到了东坡先生的那首《海棠》诗："东风袅袅泛崇光，香雾空蒙月转廊。只恐夜深花睡去，故烧高烛照红妆。"仔细品来，作者的诗文真是构思奇巧，虽为痴言解语，多少含有顾影自怜之意，却令人毫无颓靡、做作之感，一如恭王府的历史陈迹，今时虽尘烟已去，依然有海棠笑对春风。即便是在每一个春夏秋冬，都能处贵园而携玉兰、香芷、丹桂等为伴，以自己尤为讲究的尊贵品质、艳美姿态和高雅情致，抚慰着世间的浮躁、烦闷和不安。

是啊！养心何须道，明媚自染香。可是，这有着"国艳"之誉的海棠花儿，也会和花叶伞放的松月、古雅四溢的藤萝和国色天香的牡丹一样，去"争奇斗艳"吗？

记得陆放翁曾有"猩红鹦绿极天巧，叠萼重跗眩朝日"的诗句，描画的是繁茂的海棠花，以耀眼得如宝石般的莹润，镶嵌于片片绿光中的神采，可与初阳相称成美；元好问也一语双关，以"枝间新绿一重重，小蕾深藏数点红。爱惜芳心莫轻吐，且教桃李闹春风"告诫后辈要"不趋时、不争宠"，始终保持内心的纯正、静雅和"先叶后花"的大家风范；李清照更是在《如梦令》中，以她无与伦比的细腻笔触和恋恋风情，勾勒出"千朵万朵压枝低"的清新棠花丽景，也在"绿肥红瘦"的心之雅趣之间，道尽了自己即便身处苦闷心境，却更为惜春、爱春的美好之情。

想着想着，我恍然大悟，似乎懂得了一些：海棠花儿活得潇潇洒洒，它们，不学那羞答答的玫瑰——只是静悄悄地开；它们，不羡慕玉笑珠香的

"花中之王"牡丹——以天香国色而动京城；它们，也不做醉卧高寒的天山雪莲——与风暴、雷霆傲霜斗寒。它们，就是赏心悦目的美之使者——有柳的婀娜、梅的妖娆和菊的筋骨；它们，有淑女的娴静和儒士的高雅，用"无俗之艳"散发出天使般的香气。它们，其实做好的是"自己"！

经年咫尺护青苔，醒顾檐屋朽木开，

今羡府园欢风入，不缺花事欣然来。

等我在黄昏时分走出恭王府，走出了海棠嫩叶簇拥着的枝枝香花和那些缀满了枝条的团团清雅，还在心想着，一定要在这大好的春光里，把美好的感觉带回家！我，也要学一学它们绽放自我的独特姿态，让心绪变得舒朗，让花季燃起清香……

文化推介：恭王府之所以得名，是因为 1851 年恭亲王奕訢曾为其主。作为清代规模最大的一座王府，恭王府曾先后被和珅、永璘作为宅邸居用，至清皇室覆亡后，产权即归属于辅仁大学。20 世纪 80 年代末，恭王府花园开始对外开放，2008 年实现了全面开放，现为国家重点文物保护单位。恭王府的设计布局分为中、东、西三路，由多个"四合院"分列组成，有两层后罩楼建于其后。"一座恭王府，半部清代史。"恭王府见证了清王朝"由盛及衰"的历史过程，承载了无比丰富的文化信息。

游习体悟：恭王府棠花丽景，纯美无限，虽倾一世却难尽其美，而摘一瓣即可吟诵古今。海棠虽为祥瑞春花，却也能雅俗共赏。我们既要领略它潇洒盛开的丰姿，也要览其雷霆动感和无俗之艳。学一学它——做好自己，不盲从、不流俗、不虚幻，即能独放嫣然、闻香满园。

二、再上浮山行

青山嗔雨瘦，暗地掸怀忧。

亭榭通天笑，风旋池上游。

呼仙飞燕语，悬空话鱼鸥。

谁寄村乡椰，凉薰木舸头。

当铺天盖地的海雾千军万马般向我们袭来时，我和同行的朋友还在半山腰游走，果真是见识到了细雨迷离中"浮山戴帽"的梦幻景观，也情不自禁地想起了"疑是泽国蜃楼起，如筑长城雉堞成"的馨言雅句，宛如行走在人间仙境，尽管透视效果有些不佳，却也能不时地领略到诗情画意带来的美感。

没错，这里就是青岛美丽的浮山！

周末的一大早，就接到朋友的电话，临时约我攀爬浮山。我虽驻留青岛多年，对登山还是很有兴趣的，于是欣然赴约。

浮山于我而言，一直有着新鲜感。虽然前几次去爬它的时候，我就在润朗天气中观赏到了那传说中"浮山九点"的美景，但这一次，却频生了些许雨趣，完全是"湿漉漉"却又备感舒畅的"初体验"，更有一番别致的清凉和韵味在心头。

听朋友介绍说，浮山包孕着自然风光和人文景观，乃青岛崂山至市区的延伸余脉。近年来，浮山不断地"增绿挂彩"，凭借良好的生态环境建设成了城区的"天然氧吧"，也早被市民们誉为功德无量的"绿色之肺"。浮山虽不能算高，主峰海拔只有 368 米，却也是"峻峭拔秀地，各时皆有景"，能够令远近的人们生出无限的向往之情。

还记得上一次去爬浮山的时候，正值草木复苏、春回大地的煦暖时节。那一日，暖阳静照着山峦，春风荡漾着新绿，芳草香木仿佛涨了潮的海浪，一阶一阶逐层调皮地推延着，由浅渐深地从高山之巅一直涌向了山脚下。置身于那一片绿色海洋包围的圈罩之中，着实令人深感自然伟力的宏阔无边和生命芳华的安然静好，同时也更加感受到浮山山体的博大和自身的渺小。

这一次，我们在雾气笼罩的天地中缓缓行走了许久，忽然间隐隐约约听到对面不远处好似传来了来自英语国家人们的口音。等到走近了，才知晓是中国海洋大学几位近期初至"岛城"的英国留学生。当听他们问起天安门广场上矗立的人民英雄纪念碑和南极"长城站"的建站纪念碑，其石料是否均采自青岛浮山大金顶一带的山石时，我和朋友在内心中更是对浮山生出许多崇高的敬意！想着浮山石也算得上是"泰山石敢当"的筑基强体了，顿时不禁为自然神工的精湛和人民精神的伟大而翘首称赞！

感叹之余，朋友意犹未尽，竟又用外语向他们介绍起青岛的亮丽名片——浮山湾畔的"楼宇灯光秀"，并顺带着说起近年来青岛诸多翻天覆地的变化，进而说到岛城人民"学深圳、赶深圳、超深圳"的宏伟蓝图……几位"新人"睁大了眼睛，认真地听着朋友引以为豪的话语，仿佛也置身于滨海霓虹幻化成点点星光的静美夜晚，无比向往地沉浸在波澜不惊的海面所映衬的祥和胜景中……

当太阳羞涩地露出头的时候，浮山又回归了它清新透爽的本来面貌。等到我们走下山，我对朋友打趣道："再上浮山行，恍若入梦境。最是雨中趣，听君话岛城！"

他笑了笑，轻声地回应了一句："浮山嘛，祖国的壮美河山！原本就是这样美丽……"

文化推介： 青岛浮山，主峰海拔达 380 余米，跨市北、市南和崂山三区。因有九峰排列，峻峭秀拔，自古即有"浮山九点"之美誉。浮山逢雨时常海雾升腾，呈奔腾之势，霎时云罩峰顶，为时人称为"浮山戴帽"，亦有"浮山戴帽，下雨一瓢"之谚语，甚为灵验。登浮山至顶峰，西望市区景象恰似一幅水彩画，而南望却为浩瀚之大海，令人心旷神怡。浮山四时各有景致和况味，它不仅是绿色煦暖的海洋，也有红黄涂抹出的静美秋香和在水寒山瘦中裸露出的坚实脊梁，可谓集人文景观和自然风光于一体。天安门广场上矗立的人民英雄纪念碑，其碑心石就取材于青岛浮山。据说，当年为寻找这块碑心石，工作人员曾查阅了大量的山石资料，最终选定浮山山顶质地韧硬、纹路细密和底色纯正的花岗岩。在当时青岛交运集团的老一辈工作人员的搬运过程中，使用了进口大马力拖拉机作为牵引，并和当地居民齐心协力地保证了石料的正常运输，用了三天时间将石料运到天安门广场的工地，并受到周恩来总理和朱德总司令的亲切接见。五年之后，即 1958 年，人民英雄纪念碑正式落成，"中华第一碑"享誉九州，青岛浮山的花岗岩石自此更为得名。

游习体悟：浮山为青岛的"绿水青山"，也是"善美之山"，不仅孕育着生态文明，也延播着和谐的种子。文章作者几次登上浮山，内心都颇有感触。这一次，非但没有因为遭遇雨意"侵扰"而影响了攀爬的心情，反而为"艳阳晴明"之"行游"平添了几分难得的乐趣和别致的景象，实为内心意外之收获。其实，不因外物而"心浮于山"，不因时之变而"裹步不前"，即是心之所得，可谓善莫大焉。

三、半个书房走进来

因最近两年计划要完成几部学术著作，备感"书到用时方恨少"，我便经常出没于学校图书馆和一些书城，实地为自己补给更多的养分。于是，书城自然也就成了我"临时抱佛脚"地去压榨精品、汇智提纯的"半个书房"。往往是在书城响起最后的关门音乐时，我才依依不舍地"落荒而逃"。

时间一长，我就和书城的服务员熟悉起来。刚一开始的时候，她们有两个还急促地往外赶我；到后来，就慢慢变成了客气地"提醒"；再后来，干脆就微笑着说："于老师，今天怎么又这么晚啊？"

"呵呵，真不好意思啊！我老是这样……"我不知所措地苦笑着，又一次地感受到了脸上略微的"烫"。

其实这样的尴尬，不单单是在青岛和在黄岛发生过，早前在济南，在北京，在上海，乃至在国外，也时常会有。记得上小学时，我和几个小伙伴就经常到"一中"旁边的"书房"里去抄好看的精华故事和流行的歌曲词谱。那个时候，课外的教育资源实在是有限得很，当我们的"下策"被书店的店员得知，就严令禁止我们带笔进店抄书。我们几个小孩儿只好谋划着如何高效率地"配合"，偷偷地实现一个又一个的"小小梦想"。记忆的翅膀，可以载着我们飞到几十年前的童年时光，也让生活于"思迥异、行不同"的"自媒体时代"的我们，在留恋之中，更加地怀念那样一个相对纯净的阅读空间和身处时情时景的心态体感。

"没有谁是一座孤岛，每本书都是一个世界。"第一次看到美国作家加布瑞埃拉·泽文的这句话，是 2015 年在曲阜师范大学（曲阜校区）的校园书店里。记得那一天午后，我静静地沉浸在一方狭小的知识乐园里面，用心地感受生命时段中如阳光般温暖的美好和寻觅到质朴纯真后的无限辽阔。后来，当我在黄岛书城"似曾相识"地读到这句出现在"写给全世界真正爱书者"的《岛上书店》一书中的智识隽语时，立刻被字里行间迸发出的无限暖意所笼罩：那间极富有维多利亚风情的小屋，那块悬挂在门廊上的褪色招牌，那些给人以"起死回生"的勇气以及诸多汇智撷英的句段言语，无一不令人动容。

在我看来，如果说书籍是知识的海洋，书城就好比是我们的"半个书房"；如果说书籍是人类忠诚的朋友，书城就好比是我们温馨四溢的静雅殿堂。当然，藏精纳良的书城，它也是我们每个人在行进的过程中不断掇拾英华、"脱孤"向上和"活到老、学到老"的魔力"磁场"。

走进"半个书房"，用心地捧读，才会拾获芳华。而一些身在"书房之内"，心却在"书房之外"的人们，往往认识不到，正是因为里边有着睿智闪烁的灵光和精神激励的力量，用心阅读者才可以在人生中最为黯淡的角落里，抓取到一缕鲜月筛下的点点光影；也才可以于某个低落的黄昏中，咂摸到轻灵和厚重激扬起的阵阵芬芳。而过于"注重形式"的人们，即使身处精美之室，想必也难觅"真、善、美"之书香。相反地，那些自诩的博览群书和不自知的急功近利，会越发明显地倾倒出自身的裸俗和浅薄，而恶性循环地成为暴露无遗的谬解和沉疴……

古人亦有言："书中自有千钟粟，书中自有黄金屋，书中车马多如簇，书中自有颜如玉……"意思大概是：读书"立功"是当时个人腾达的一条绝佳路径，待到功成名就之后，方可获取财富和美好。当然，对于这些近似有些"落入俗套"的追求，在今天看来也是不可否认的"客观存在"，只是仍有太多的人过分曲解了其中深意，妄想拿好似"无罪有过"的书本来装点门面，用"刻意美化"自身陋俗的所谓"书房"去自欺欺人。

去自己的那"半个书房"看看吧！也用一点点光，温暖那一颗颗真正求知若渴的心，自化陋弊而达己达人。但请不要和"原来的我"一样，让脸上那么"发烫"……

文化推介：本文采写的重点，是我自己常去的青岛书城和西海岸传媒书城。启发、温润、涵泳、聆听、遇见、玩耍，"书城"融会了所有雅致信美的文化元素和游习场景，开创了全新的文化生活版图，为阅读者打造出复合式的文化体验空间，并成为各地区域性特色极为明显的文化地标。据了解，青岛西海岸新区"传媒书城"按照"时光方舟""生命之坂""文化之坂""时光之坂"的设计理念，将阅读文化融入生活，彰显了"现代智能化"和"体验式分享"的特色，并增添了更多动态元素，以激发读者的兴趣为导向，实现了从"轻阅读"到"活泛阅读"的过渡，不仅融合了年轻人所爱读物、文创产品和生活元素等多元业态，也充满了高远境界、学者深度和大家风范的文学气息，从而为那些"重阅读"的专业学习者与文学爱好者创造了"精神迸发"的实践场域和智化空间。"书城"一直是我每到一地的必寻之处，因为它们作为研学教育的实践基地，开启了文化游习的梦幻之旅，适合于各层人员的学习意识培育、创新精神发扬与实践技能提升，不仅有利于提高游习者的综合素养、审美情趣，也激发了其"爱读书、读好书、善读书"的热情。

游习体悟：书籍是人类忠诚的朋友，是它们让我们远离了心之"孤岛"；而书房则架构了人生妙想，并赋予人们以雅慧空间，给人以不断前行的点点光亮。当我们行在路上，拥有一颗求知若渴的心，并时时超越"原来的自己"，方能获得"达己达人"之功力。走进这资源博实的"半个书房"，也是人生常常"易得"却不可多得的"心灵游习"。而我们的生命，此时也才有了更为可观的重量和厚度。

四、循迹得乐超然台

"花絮几许裁密叶，登台得乐蕴超然。"初夏时节，趁着天气还没有真正热起来，我专程前往极具浓郁学究气质的"龙城"诸城（古时属密州），一览心系已久、名列"密州八景"之首的"超然古台"，在寻乐古迹的"穿越"中，实实在在地过了一把赏鉴古韵的瘾。

据说，苏轼官居密州时，为修葺此地"废台"以达"日与其僚，览其山川而乐之"，遂建新台，并取其任职于济南的弟弟苏辙依《老子》中"虽有荣观、燕处超然"的赞赋文句，而名之为"超然台"，自己还亲自作记抒怀咏志，表达了"物有可观，心有所乐"的人生态度，令人"超然于物外"，获得随遇而安且能怡然自乐的旷达心境。虽然超然台古迹距今已有近千年历史，在沧桑巨变中历经了无数次的修葺和改建，却依然令人心生无限敬仰之情，不得不叹为观止其岿然不倒的风采，也为东坡先生的生命感言与超然胸襟点赞。

在《超然台记》中，苏东坡以心见之明，抒发了"览物之乐，自在随心，存于凡世常景而不分怪异、雄奇或是瑰丽与否"的个人见解。他认为，即便是孤单单地与清风明月为伴，疗饥止渴于酿米酒、吃糙米之间，也要不改其乐，心无旁骛地饱眠于瓜果菜蔬之香。这，真是以自我达观消解烦闷愁绪、随心追慕人间至乐的情怀和智举啊！

虽然苏轼一生辗转，令人唏嘘，然而在其任职密州的两年间，却正值盛年，略显悠闲。这位眉山才子于此革除旧弊、祈雨灭蝗并因法利民，不仅造福了一方百姓，也把自己"千骑卷平冈"的豪放和"莺歌燕舞"里的细腻，释放得淋漓尽致。那些无论是伤怀亡妻的"生死两茫茫"、豁然超凡的"诗酒趁年华"，还是密州出猎归来的"老夫聊发少年狂"、中秋佳节月夜无限慨叹的"但愿人长久，千里共婵娟"之句，也都不禁让人拍手称赞！尤其是他那一篇作于超然台上的《水调歌头·明月几时有》，不但被世人誉为"中秋词冠"，更使此台成了无与伦比的经典而广为传颂。

　　我循着这座百强县级市的城建布局折翻出的新图画景，在今之墙体坡道与古意交叠的点点印迹中，一步步小心翼翼地登上台去。虽然超然台只有十余米的高度，我却驻停了好几次。当一回回抚摸它扩建后的灰色砖墙时，我也在不时地感受着于在那斑驳处瞬间梳理出的复杂心绪。登上台来，放眼四方，更觉察到其在肃穆当中超然绵延的那一丝丝博远古意与一层层厚重韵味，心想多少年来，不知会有多少人前来登台凭吊，体味东坡先生密州出猎时的磅礴大气、为官一任的诚真义气和享誉古今的睿力才气，当然还有他虽命运多舛依然不畏风雨的痴心硬气……

　　当我行至"中秋赏月"处时，不知怎地，满脑子所想和周身洋溢着的，竟都是东坡先生在此抚古琴、赏明月，并于"小酌密州酒一壶，登台超然为老夫"的闲适中追寻"无所往而不乐"的雅趣，顿感雨丝般清凉，不禁欢然。我于是站在新石铺就的平台上南望常山，心里也仿佛骤然间飘起了雨：

　　云竹幽光岭下行，心河好岸出龙城。

　　轩阶月色扬璞美，过看千愁湿雨声。

　　我暗自寻思着，缓缓地走下了这超然台，感怀的心却还停留在古台之上，深觉其乐无穷，韵味无边……

　　文化推介：被誉为古"密州八景"之首的超然台，位于今山东省诸城市，为1075年苏轼任密州太守时所建。传时有"废台"于密州（诸城）北墙，东坡先生便"增葺之"，以求"日与其僚，览其山川而乐之"。后其弟苏辙依《老子》中"虽有荣观、燕处超然"之意而命名为"超然"，并作《超然台赋》赞咏。"超然"二字，乃"超脱尘世、乐天知命"之意，而后苏轼以其千古名篇《超然台记》使其得名于天下。自苏轼之后，超然台几经兵荒马乱，却为仁人达士所修葺。今天的超然台上有垂花门，即为当年苏东坡吟"明月几时有"之地。

　　游习体悟：山东诸城的超然台，系北魏时所建城墙土台，后为苏东坡知密州时扩建，而成为"登高望远、饮酒赋诗"的场所，也以其超绝古今的史迹文化，成为进行"苏学"研究和文化探究的游习佳地。古往今来，世事变迁，它依然在传承极具地方特色的文明风范上，发挥着自己颇显深沉而又独特的作用。文章作者循迹得乐，以游记形式追忆古韵深意，也算是一种属于自己的"超然"。

五、书香泽润天一阁

秋蔚书山湖润阁，樟衔江雨几澄波。

管声深得楼中对，情寓醇风待评说。

我和朋友在宁波时，曾得闲而见月湖胜景中的"南国书城"——天一阁。

我最早知晓天一阁，始自余秋雨的《风雨天一阁》一文。印象较深的是其名取义于"天一生水"（汉代《易经注》），寓指"以水制火"，为明时退隐高官范钦所建私家藏书楼。

史载范钦喜好读书和藏书，归隐田居后，便造"东明草堂"收藏，后其长子范大冲愿弃家财而承一楼藏书，并始立"代不分书，书不出阁"之训，待至后世于阁前造林设园，尽显江南庭院风格，又渐以开明姿态传抄于外，以供士子阅览，虽几经浩劫，终经风雨而成"泽润"之名。

月湖本是浙东学术中心，自古名士荟萃。我们便这样，在一片湖色书香的氤氲中，走进了天一阁，步履间可见香樟深绿，转角处又有蕉叶盎然。进门时，我远远地看到范钦先生的塑像，他正手持书卷端坐于门庭，眉头舒放之间，透露着气宇轩昂，颇显读书人的清气、神采。在其塑像背后的古朴墙面上有一幅栩栩如生的堆塑《溪山逸马图》，不觉使人气定神闲，又于一时的恍然间，宛若穿越到了风云诡谲的明朝。

藏书丰富的天一阁，在设计上以五行之学独具匠心。其两层砖木架构的六开间楼阁，上通下分，合二为一，格局真应了"天一生水，地六成之"的寓意。传其在防火灾、虫蠹与潮湿等方面皆有特色，竟是凭靠勤于曝书、英石除湿和芸草辟蠹而助成"君子之泽"。我望着阁前那一方直通月湖开凿且为"九狮一象"石景所衬的池水，又回头细细地观看阁中文图所现，渐知其馆藏丰厚，曾于乾隆时呈珍本于《四库全书》之诏修，可谓功德无量，虽有劫盗焚毁频生，却能绵延十余代，历经数百年而岿然，成为亚洲现存最为古老和世界知名的藏书楼，其功应完全归于范钦贤孝子孙一脉遵行的管理制度和果敢信守，一如书香涵养的守正古风和良善德行。

"济世兴邦皆学问，齐家立业即文章。"行至景区内涵纳了儒学经典的尊经阁前，我端详着它那气势恢宏的三层重檐歇山顶式建筑，一直在想，无论是从宏观层面，还是微观视角，文化的魂魄，都在于众生不断根脉的善行坚守和生生不息的精神传承，而真正的泽润之功，也自然存活于这如天一阁般独有的"以书香传家、用泽润普世"的通达智慧和"泛众惠人"的坚守践行之中。的确，天一阁，它真的做到了！

当我们走出天一阁稍作休息的时候，朋友突然问我此行所感。我深深地吸了口气，而后静静地说了一句："愿做书虫囿后世，寻香得润在此阁"。

文化推介：建于明朝中期的"天一阁"，位于浙江省宁波市海曙区，由当时退隐的明朝兵部右侍郎范钦主持建造，距今已有400余年的历史，为中国现存最早的私家藏书楼，是亚洲现有最古老的图书馆和世界最早的"三大家族图书馆"之一。天一阁建筑布局多为其后世藏书楼所效仿，其藏书以明代地方志和科举录最为珍贵。天一阁通高8米有余的书阁，为木构两层硬山顶建筑，前有"天一池"通往"月湖"，起着美化环境和蓄水防火之双重功用。20世纪80年代，天一阁被国务院公布为全国重点文物保护单位，现为国家AAAA级旅游景区。

游习体悟："天一阁"藏书丰富，范氏家族功德无量。其间游客观瞻皆有收获，连亲历游习的作者本人都"愿做书虫囿后世，寻香得润在此阁"。其深远影响由此可见一斑。诚如文中所言："以书香传家"与"用泽润普世"，所得应是"泛众惠人"的践行之道，贵在坚守中的传承与发扬。

六、钟书守正在绳武

循着那梦里积攒的点点足迹，我在一个晴朗的假日里，与无锡钱钟书故居——"绳武堂"不期而遇。

一直就极为仰慕钱钟书先生"批判中关照，融通里信守"的治学态度和处处隽思妙语的作文风格，也想着能有机会沐其卓然祖训和纯厚家风，采慧补拙。如今能够信步其间而亲至"绳武堂"，得见其少时习得与生活居所，实为缘分使然，我的心中真是充满了无限的欣喜！

从"绳武堂"简介的信息中得知，钱钟书故居，即"钱绳武堂"，由钱钟书父亲和其叔为颐养其祖父钱福炯所建。"绳武"一词，本源自《诗经·大雅》，里边有"绳其祖武"之说，意为"寻迹宗法，承其规制"，而"绳武堂"之名，则为先生祖父所起。

一进门，我就惊讶起这整个"绳武堂"前后两进的院落来，它竟被安排得如此井然有序！瞻仰过钱钟书先生的铜像后，我漫步于一进屋舍，透过窗棂，清晰可见的是一间间卧室和"小而雅"的书房，里边古色古香的设施，衬着质朴布局，令人顷刻间就能撇开俗世纷扰，仿佛亲临先生旧时读书的场景。

在门廊通达处，我看到一副古朴雅正的对联："文采传希白，雄风劲射潮"，当知其寄托着钱父对于后世子孙"亦文亦武、诗礼传家"的厚望时，我的心中不由得生发了诸多平实与沉稳的感念。

等到行至"绳武"厅堂，我努力地拾掇好一路行来的心情，专注地看着这勉励后世子孙钟书尚读、守业睦处的敞亮之地，突然间发现，自己虽读书多年，却没能像先生那样"守正出奇"，万千感慨，真是了然于心……

记得当年读他的笑面长篇小说《围城》时，就深觉其文言语精妙，在诙谐中充满了讽喻，深藏着"世外高人"的智慧和令人拍案叫绝的韵味。如今，先生已故去多年，但其著述技艺、译作妙趣，依然难以"学仿"而得，"南饶北钱"的美名，也留在了世间……

我又看那曾有着族中众多兄弟与之伴读的"后东塾"，如今已成为国家宣教他和夫人杨绛"好读书，读好书"理念的精神殿堂，旨在鼓励后辈新人不断地以书中滋养涵纳智慧，补给自身潜心读书、励志报国的信念，进而在生活中勇说质朴聪慧的"君子语"，也争做品德高尚的"文化人"。

走出了"绳武堂"，我不时地回望着，也在想，读书人如若真能够做到像钱钟书先生那样，虽闻书香而怡然自乐，却又不做井底之蛙和浑然过客，实为难得幸事！正所谓"枯槐聚蚁无多地，秋水鸣蛙自一天"。他所忠信的，或许永远都是读书与写书吧！虽有风雨逆袭，却不忘抱朴守拙、砥砺心志；即便适逢时代机遇，也能够钟书守正，做好自己……

文化推介："钱绳武堂"，是钱钟书先生从童年到青年时期生活、学习之地，位于江苏省无锡市梁溪区的新街巷。绳武堂为钱氏祖遗产业，由其祖父钱福炯在1923年筹建，后叔父钱基厚加以续建。绳武堂为"七开间、三进"布局，属中西融合的建筑特点。钱福炯题匾额为"绳武堂"，由时任省长韩国钧所书，并撰联悬于厅堂，以勉励钱氏子孙勤奋攻读、和睦守业并承继敦厚质朴、竞志奋进的家风、门风。

游习体悟：钱钟书先生乃一代文豪和智慧大师，作者得见"绳武堂"，实属巧遇。在受益匪浅之余，文章作者对于读书和做人也有更深层次的理解。我们不仅要学习他的治学态度和作文风格，更需不忘抱朴守拙，钟书守正，才有可能得获真正的智慧而开出璀璨无比的"个性之花"。

七、湖芳得韵好读书

暖漾湖山鱼映霞，衔云新木柳寻家。

澄波静爱诗文短，当夜重习丽月花。

几次走进北大，我唯独喜爱"未名湖"。

记得很多年前弟弟在中国传媒大学读书，我在夏天进京第一次只身逛游北大，还坐在未名湖畔的石头上读了会儿刚买的《论语》。那个时候，虽然有热风扑面，但膜拜的心情如今依然可感可念。

这一次，风和日丽，我自古朴雅正的西门而入，一路慕赏华表、转行庑殿，不时吮吸着路边美艳的山桃花散发出的馨香气息，又穿廊过道，在"朗朗闻书声，静品春意浓"中感受着那份温润与快意。当我在一片片艳浓花色、翠绿枝条的掩映中走到未名湖畔，再睹它博然新重的风采之时，眼前不觉豁然开朗起来。

这真是一汪碧水新绿涂抹的亮彩啊！此时岸上桃花开得正浓，湖里红鲤游得也欢！纤木倒影，红云润眼，柳新如画，偏西不远处更有从圆明园移置而来的翻尾石鱼刻塑，在相映成趣的湖塔之间更显出腾跃之美和朴正神韵，引来了不少人围观。

我避开人群，抬头远望着东南方向那座由密檐砖筑而成的利便水塔——博雅塔，想着要是也能像校园内的莘莘学子，登上塔顶阅尽澄湖雅韵和帝都秀色该有多好！纵然是书生意气，我也很是期待能够伴着这春天里的花香和书香，得获"不一样"的进学体验！

于是，在那湖光塔影的映照中，我一边前行，一边努力回想着所知晓的那些有关"未名湖"的一切。世传其名源自一代"国学宗师"钱穆的灵感，因"未名"而"有名"，以它卓绝古今的灵秀和深邃悠远的厚重，吸引着来自世界各地的思想大师、文化学者及诸多慕名而来的人。这博雅塔呢，当然也是不可不提的精妙点缀，伴着山桃碧水，更是充满了无限的诗情画意。

我随着众人走走停停，竟听得前方不远处正传来木管乐器奏出的一曲《春风》，还有隐隐约约的读书声。我循着方向走近了看，却是一位鹤发童颜的老先生坐在石凳上，正聚精会神地用萨克斯和缓地吹奏着那首熟悉的旋律。旁边有六七个中学生模样的小孩儿，一本正经地并排站着，他们一会儿诵读着郭璞《江赋》里的"抚凌波而凫跃，吸翠霞而夭矫"，一会儿又吟起杜诗中"迟日江山丽，春风花草香"和"江碧鸟逾白，山青花欲燃"等明媚的句子。

听着听着，涟漪在心中骤然升起，我整个人也"沦陷"在这充满着美声春韵的场景里了！

"风乍起，吹皱一池春水……"不待他们落音，一个扎着小辫儿的小姑娘突然摇头晃脑着有板有眼地大声读起了冯延巳的词句。

来往的人们不禁驻足连声称赞，还笑着问她："小朋友，说说看，风在哪里呢？"

"风，春风就在爷爷吹奏的曲子里呢！"小姑娘说完，似乎觉得不好意思了，羞红了脸藏到了老人背后，更引得众人欢声一片。

"嘀，这里的乐趣果真是不一般！"

我一边听着，一边细细品味洋溢在近旁的湖芳春韵。书声琅琅中，我仿佛又回到了儿时，一手拿着磨破了四角的课本，一手和小伙伴们比画着齐声朗读。"时光一去永不回，往事只能回味。"芳湖静水，蓄养无边，孜孜以求中，我们唯有擎起当下的好时光，读出真我的风采……不知怎地，一番沉思过后，我的周身竟变得越发舒爽和通畅起来！

等我回到住处，已是很晚。我望着天上的明月，心想未名湖畔的盎然春意早已走进千家万户了吧？可孩子们的读书声还不时地在耳畔回响，那些像蓝丝绒一样美丽的诗句啊，也如同湖水一样，着实让人心境澄澈而备感熨帖。

"湖芳无限，美韵无边，此行更得豁然！"我这样想着，欣喜的溪流已在心间流淌……

文化推介：未名湖，作为北京大学的标志景观之一，位于校园的中北部。其间，现有"翻尾石鱼"雕塑位于湖的南部；"湖心岛"建于湖的中央，并有桥通往北岸；石舫建在了岛的南端，岸上有钟亭、临湖轩、花神庙和埃德加·斯诺墓等。静谧纯美的"博雅塔"，就建于东岸之上。未名湖原本没有名称，为20世纪30年代于燕京大学任教的钱穆教授所起。清朝时属圆明园附属园林"淑春园"的一部分，曾被乾隆皇帝赐予和珅，后又几经易主。至2001年，国务院将"未名湖燕园建筑"列为全国重点文物保护单位，而北大未名湖、博雅塔和图书馆，被学生称作"一塔湖图"。

游习体悟：未名湖，乃北京大学校园内极具历史深蕴和人文内涵的"U"形人工湖，以它极具标志性的燕园景观和令人豁然开朗的神采美韵，给人留下了无限向往之情。层楼瓦檐皆有诗意，湖光塔影尽显韵致。这里，不仅深存着盎然春意和读书之乐，也使人颇见行中思悟和博雅风范……

八、江城觅凉在珞珈

2019 年 7 月底的时候，我因要去有着"九省通衢"之称的"江城"武汉参加一个创新论坛活动，得缘而攀珞珈山。

七八月份的武汉正是酷热天气，在武大读博不久的朋友小牛也是北方人，他中暑躺在宿舍里不愿出门。我还好，感觉这里的热还是比不上济南的那种难受劲儿，于是弃了熟睡的他，一大早孤身去爬珞珈山。

珞珈山最早吸引我的，是它非常有意思的名字。记得当时很是好奇地查阅字典，得知"珞"字乃"硬石"之意，而"珈"呢，指的则是古时候女子所戴的首饰。进而又深研了一下，发觉东西横亘的珞珈山临东湖而建，草木葱茏不说，也遍地古迹，人文鼎盛，还真有几分形似和神似。关于珞珈山的传说有很多，除了楚庄王设营免罪以鼓舞士气的佳话和观音菩萨遗落袈裟于此地的"落袈山"说法，据说在乾隆时期还被命名为"逻迦山"，又有后人游东湖穿山过林，虽越清涧而未得其名，唯独留下罗家山、落驾山之称谓而用。至 20 世纪 20 年代，武汉大学首任文学院院长闻一多先生见其有秀丽山色，宛如仙女项间珠链，遂取谐音而易名为"珞珈"，寓指当年开山立校之不易，一直沿用至今。后来，我进入报社工作，身为部门领导的刘博士恰好毕业于武汉大学文学院，他时常谈起自己求学时在珞珈山苦读的时光，更加令我对其心驰神往。

我迫不及待地想要一睹它的"芳容"，便越过珞珈山广场一路东行，很快来到了山脚下。初登珞珈山，绕着盘山长道而行时感觉就如同是在攀登青岛市北的嘉定山，没有半点的陌生感，清凉可见的更多是在半山腰上那一座座由红瓦青砖筑建而成的极具乡间风情的英式"十八栋"。

我看路边的标志牌上说，这些依山而造且见证了珞珈山如磐风雨的英式建筑，始建于 20 世纪 30 年代，曾有郭沫若故居、郁达夫别墅和闻一多纪念馆等。抗战期间，周恩来也于此居住并会见了斯诺、斯特朗等人，后来成为武汉市优秀历史建筑、全国重点保护文物、爱国主义教育基地和国家文化创新研究中心。我慢慢地走过并一座座地端详，心想朴诚有勇、守正开新的武汉大学本就坐拥珞珈山麓，荆楚之风浓郁的东湖秀水已经滋生了无限涵养，再加上这大师云集、宛如世外桃源的"十八栋"之历史渊源，更成为求得学问、拾慧荫凉的好去处，心中不觉更为惬意起来。

随后，我就沿着"珞珈山路"，寻了小径一口气登上了山顶，才渐渐发现这座海拔只有 110 余米的山体竟是由十几座小山相连而成。虽不是落英缤纷的时节，珞珈山却能处处让人心生无限美好，浑身感到润爽无比。在山顶上，润石苍秀，千姿百态，又有层林迭现，绿荫萦怀。我一路走走停停，来到最高峰后径直往东北方向眺望而去，秀美的东湖全景便尽收眼底，看湖光山色，甚是润眼养心，伴着山顶徐来的清风，心中更有无限清凉在游荡。

润爽何须通幽处，山水高妙映珞珈。踏着这份清凉，我在想，那一处曾被毛主席称为"白云黄鹤的地方"，到底会有什么样的"超能力"，吸引着屈子"泽畔行吟"、刘玄德设坛祭天和李太白湖畔题诗呢？它是否也会走过武汉大学的牌楼门，登上狮子山上古朴却充满灵气的老图书馆，而后穿越享有"樱花古堡"美誉的学生"斋舍"，把一阵阵书香和一缕缕清凉吹送到这苍翠叠韵的珞珈山上，也让我这个外乡人心中油然而起无限的润爽和舒畅，在这中国最美大学校园之一里去放飞又一个新的梦想？

正想着，小牛打来了电话，一个劲儿地怪我"弃他早行"。

我笑着说："看你'矫情'的吧，这么好的山，还不快来陪我一起登高觅凉、赏湖品香，说不定能治好你的'热病'呢！"

文化推介：珞珈山，坐落于中国著名高等学府武汉大学校园内，临东湖西南岸而立，其间小山连绵，达十几处之多。珞珈山临湖最高峰海拔有110余米，登顶可尽览东湖全貌并赏观"江城"美景。珞珈山周边气候宜人，四季分明，即便至风雨佳处，亦令人畅达透爽。武汉大学在珞珈山上引种了大量植被，树木繁茂，石秀风和，可谓名胜好山。半山腰的"英式十八栋"吸引着远道而赏的访学者，周恩来故居、闻一多纪念馆和郭沫若、郁达夫等人的别墅，更成为中外慕名的人们进行"文创"的好去处。

游习体悟：珞珈山在文章作者眼中，成了酷热季节里的觅凉佳处，原因即在于它有着"润爽通幽"的灵性和"情归高妙"的山水。登珞珈山，得望东湖中的绿水，可感博雅校园里的沉静书香和其间传送来的阵阵清凉。从古老的传说到名人的驻留，从"英式十八栋"的如磐风雨到东湖秀水所滋生的"荆楚之风"……它们，都给予了文章作者登山"寻芳纳凉"的无限感悟，也为自己的"游习"积淀了底蕴。

九、悦然拂心岳阳楼

2019年立秋时节，我欣然约了好友同去湖南岳阳古城，想要一览范仲淹笔下的"岳阳楼之大观"和那"八百里洞庭"的情怀风貌。

我们从"巴陵广场"走过"瞻岳门"，沿着"汴河街"一路直行，很快就到了岳阳楼景区的正门。当过了"巴陵胜状"的门道匾额，首先跃入眼帘的，便是皆为黄铜铸造的"五朝楼观"。它们分别重现了唐宋元明清时期风格各异的楼形筑体，不禁令人心生许多慨叹进而浮想联翩。再往里走，东向便是白墙青瓦的"双公祠"了，里边有范仲淹和滕子京的铜像，二人虽是正襟危坐，面部表情却极为丰富，看上去好似在畅谈古今，给人一种畅谈无忌却又意犹未尽的感觉。

我们就此穿亭过阶，一路北向而行。不待走过刻印着"南极潇湘千里月，北通巫峡万重山"的石柱牌坊，就提早西向下了台阶往临湖而建的"点将台"

走去，只是为了观瞻那道青石匾刻的"岳阳门"。我用手抚摸着这段临湖而建近达百米的古城墙，耳畔回响着古往今来文人雅士于此写下的千古名句，竟勾连起它冲破了历史陈迹而"一门独存"的湖湘文化，不禁"悦"从心来：

岳阳门里寻双燕，点将台前倚洞庭。

涡流眠处涂湘语，君驾魁文木石惊。

此行迂回，等到我们再一次沿着台阶攀高而上时，便看到了一座黄瓦飞檐、宛如头盔的三层楼阁，这——便是我国仅存的盔顶式古建筑——被誉为"江南三大名楼"之一的"岳阳楼"。

走近了看，感觉它有着不过20米的高度，在四根楠木巨柱的支撑下，一方如意斗拱好似正托举着一只展翅欲飞的鲲鹏。一步步登上楼去，西瞰洞庭湖，前望君山岛，其间有静流深蓄着绿水，伴着点点光影帆动，令人在赏览之余大有"寥廓湖山无限美，忧乐存现在心头"的感触。

岳阳楼自古即有"洞庭天下水，岳阳天下楼"之赞誉，本为三国时东吴大将鲁肃阅军点兵之用，后名为"巴陵城楼"，至唐朝时因李白"楼观岳阳尽，川迥洞庭开"的诗句而始称"岳阳楼"。据说，李白一生曾六次登上岳阳楼，其"水天一色，风月无边"的诗情雅句，不知迷倒了多少文人墨客。孟浩然于此则有"气蒸云梦泽，波撼岳阳城"的招引请见之作。"安史之乱"后，诗人杜甫也先以"江国逾千里，山城仅百层"的诗句表达自己初至岳阳之所见，而后登上神往已久的岳阳楼，又以一首《登岳阳楼》，心无悦然地发出忧国忧民且寂寥孤寞的感慨："昔闻洞庭水，今上岳阳楼。吴楚东南坼，乾坤日夜浮。亲朋无一字，老病有孤舟。戎马关山北，凭轩涕泗流。"

至唐朝中期，"诗豪"刘禹锡进门登楼，瞰湖赏眺，悦望君山，留下了"遥看洞庭山水翠，白银盘里一青螺"的诗词佳句，真是写尽了洞庭湖水与当空秋月交相辉映的绝胜芳景。

但真正让岳阳楼名扬天下的，是忠君忧民、心怀天下的北宋名臣范仲淹，是他以一首《岳阳楼记》将"忧乐文化"的情怀通古贯今，也把悦然天下的情致一展无余。历史书上说，"庆历新政"失败后他被贬邓州，后因时任岳州太守的同科好友滕子京重修岳阳楼随附《洞庭晚秋图》的《求记书》之约，而写下了千古名篇——《岳阳楼记》，关键之句仍记忆犹新："予尝求古仁人之心，或异二者之为。何哉？不以物喜，不以己悲；居庙堂之高则忧其民；处江湖之远则忧其君。是进亦忧，退亦忧。然则何时而乐耶？其必曰：'先天下之忧而忧，后天下之乐而乐'乎。噫！微斯人，吾谁与归？"

此情此景，我反复吟诵着这些在中学时期就背得滚瓜烂熟的词句，想那享誉古今的千古名楼，或许正是因为有了这《岳阳楼记》，才被赋予了真正的"心意"和"灵魂"吧！范公一生勤勉，多有文韬武略，然其贵者，更在于"以忧乐拂心"，竭力忠诚的是民心社稷，深切挂念的是劳苦大众，尽力愉悦的是天下苍生。虽为应友人所求之作，言说的却不是虚幻梦事和个人怨事，而是在舒展励志携伴的超然心绪与情系天下的博大情怀，不仅超越了简单的览物抒情和就事议事，更将不图享乐、不弃理想和不泯斗志的定力和精神表达得淋漓尽致，可谓志向深博、境界高远，实为凡俗之辈所难以匹敌。心悦诚服的我们，唯有心生仰慕之情，登楼明志而"望湖兴叹"……

迎着湖面上吹来的阵阵清风，我的周身如沐细雨，深感有"愉悦"在心，真是畅快无比！思绪随之飞出了雄踞城门的岳阳楼，飞向了烟波浩渺的洞庭湖。于是，不禁也学着古人，一展心随帆动、览湖抒怀的心境来：

倚风吟对古人香，神落新湖漾好汤。

韵至当空嗔念处，楼兜山雨到潇湘。

文化推介：下瞰洞庭，前望君山的岳阳楼，自古即有"洞庭天下水，岳阳天下楼"的美誉，是"江南三大名楼"之一。北宋时期，范仲淹的一首脍炙人口的《岳阳楼记》，更令其著称于世。在20世纪80年代，岳阳楼就被国务院批准为全国重点文物保护单位。岳阳楼主楼共有三层，大约二十米高，由"四柱"撑起飞檐，用纯木筑成"盔顶"，榫合规整，气韵畅然。岳阳楼是"三大名楼"中唯一保持着原貌的古代建筑，据说其独特的"盔顶式"结构，极大地体现了古代劳动人民的聪慧才情和能工巧匠们的设计才能。

游习体悟：文章作者因读范仲淹的《岳阳楼记》，而对"岳阳楼之大观"和那"八百里洞庭"的情怀风貌心生仰慕，至今时之地而亲历、目览古地新景，心中更是多有感怀。岳阳楼之所以能够以"悦然"拂心，是因其"忧乐"文化背后的精髓使然。以尽忠于民心社稷、悦然于天下苍生的情怀伟愿，许劳苦大众以千秋万代的福祉，是内存于心的博然意趣，是激荡魂魄的简素情怀，也是令人叹赏的绝佳妙境……

十、留得黄鹤阅江流

"这一座被誉为'天下江山第一楼'的地标式文化景观，在三国时期只是一座小小的瞭望台，却因唐代诗人崔颢'昔人已乘黄鹤去，此地空余黄鹤楼'的诗句而誉满九州，至盛唐时发展成为文旅胜地，而后又历经宋朝鼎盛、明清繁荣和数次废建，现在的黄鹤楼虽为20世纪80年代中期易址而建，依然在守望着过去的辉煌，也通亮着未来的宏图……"

听着导游敦厚和缓的讲解，我不由得放慢了脚步。

没错，她所讲的正是位于湖北武昌蛇山之巅、山川景观与文化神韵互相倚重的千古名楼——黄鹤楼。此楼不仅代表着荆楚文化的特色形象，也为武汉这座"江湖之城"增添了许多的史沉古意与灵韵重彩。

查阅资料得知，虽然对于黄鹤楼之得名，自古传说各异、说法不一，却都因其旧址位于今蛇山"黄鹄矶"上之说，加之古之"鹄""鹤"二字转音互用，才命名为"黄鹤楼"的。对此我一直充满了好奇，而今终于有了得缘一见的机会，便兴奋着想要一览其景。

于是，我自西门而入，当走过"瞰川""揽虹"二亭，越过立于龟、蛇之上的黄鹤铜像，远远地仰望时，发现这楼阁真是一座雄浑稳健的黄鹤造型，通体五层皆为水泥筑建而成。伴着半阴半晴的天气，忽明忽暗的光亮唤醒了那些熠熠生辉的琉璃黄瓦，凌空舒展的飞檐翘角更是灼人心旌，很给人一种展翅欲冲九天的震撼力。自下而上看,首先映入眼帘的是"气吞云梦"的书法牌匾,随着目光逐层攀高,会看到不少的游客正站在观景台上俯瞰横跨万里长江的第一座大桥——武汉长江大桥,至顶层所见,悬挂着的是著名书法家舒同先生撰写的"黄鹤楼"匾额,更是令人肃然起敬。

黄鹤楼的每一层都有不同的专题文化主题展示。走进一楼大厅,迎面而来的是正面墙上一幅高九米、宽六米的"白云黄鹤"主题大型彩陶壁画,以神话寓意展现了"人鹤同乐"和"昔人已乘黄鹤去"之意。大厅中间的巨柱上是一副由中央美院原院长吴作人先生所书的楹联:"爽云西来雾气扫开天地憾,大江东去波涛洗尽古今愁。"很是给人以轻松愉悦的"乐游"之感。

我踩着木梯拾级而上,心中越发地感到庄重无比。登上二楼,则首先看到"孙权筑城""黄鹤楼记""周瑜设宴"等主题的壁画、述记,叙说的是其一千七百余年的兴衰历史和屡废屡建的多舛岁月。我看其间的其他展览,也有每个朝代黄鹤楼的模型,各朝各代的皆不相同,却都显现出黄鹤楼高古雄浑的气魄和极富个性的特色。

等到一步步登楼而上,我在各层楼廊逐一四望,真是视野宏阔,远山近水,一览无余,可谓气象万千!发现好似在每一层俯瞰"天堑变通途"的长江大桥,其都如同腾翔于高空的巨龙。前方龟山如画,纵有淡淡云雾缭绕,恰似烟雨锁江,却也能够"极目楚天舒",将所有不一样的景象尽收眼底,以有余力去层层拔高远眺"武汉三镇"的壮丽宏厦。我无尽地想象着这江流万里曾有的千万种模样,到底是粗犷、豪迈,还是豁达、率真?那滋味是如同香热快鲜的热干面,还是恰似清爽脆白的莲藕丸?一时之间真还说不清楚、道不明白!

我选了一处落脚,倚楼临风而望,贪婪地阅赏着浩浩长江之水,心想着黄鹤楼能得"江山形胜"之精华而成为古今文人墨客心灵休憩之居所和滋养天性、孕育美韵之宝地,真是光灿汉学、弘扬文化和承播雅慧的绝妙场域,着实令人大有酣畅淋漓之感!

此时，崔颢的那首乡愁可掬、气韵高妙的七律诗《黄鹤楼》，再一次地浮现在我的脑海中：

昔人已乘白云去，此地空余黄鹤楼。

黄鹤一去不复返，白云千载空悠悠。

晴川历历汉阳树，芳草萋萋鹦鹉洲。

日暮乡关何处是，烟波江上使人愁。

我仿佛看到传说中那位乘着黄鹤远去的仙人正在归乡的路上，空荡荡的黄鹤楼也处处充满了无限生机。那些被召唤来的片片白云，悠然浮动着，正欣然诉说着所有过往的故事，而汉阳晴川阁里的绿枝纤树已呈欣欣向荣之势，鹦鹉洲的芳草更是生长得郁郁葱葱。夕阳西下的时候，归心似箭的"我"虽已泪流满面，当面对着浩渺烟波不时浮现的江流之时，却也消解了那些千古难尽的伤绪、哀愁……

也有李白那首寓情于景、意境开阔的《黄鹤楼送孟浩然之广陵》：

故人西辞黄鹤楼，烟花三月下扬州。

孤帆远影碧空尽，唯见长江天际流。

此时，我站在楼阁上，细细地咂摸着诗人在那柳色如烟的春天里的惜别之情，也感受着他以明丽色彩渲染的无限神伤，尤其是在那浩浩长江之水"孤帆远影"里所铺陈开来的海阔天空，不禁为其含蓄而又动感十足展现出的内心情致和生命律动而拍手称赞。

当然，还有他那首晚年充满迁谪之感和去国之情的伤怀作品——《与史郎中钦听黄鹤楼上吹笛》，可谓情景相生、妙合无垠：

一为迁客去长沙，西望长安不见家。

黄鹤楼中吹玉笛，江城五月落梅花。

不知怎地，我竟渐渐变得更为痴心妄想起来！

我是多么地想，能于此发思古之幽情、览河山之绚丽、品江流之神韵和抒家国之情怀；我又是多么地想，能够在一阵阵或明快清丽或跌宕起伏或翩然而动的激流当中，去品味异彩纷呈的古今文化和千古佳话。我甚至也在想：如若我能挽留住哪怕是一只幼小的黄鹤该有多好啊！至少我可以听它诉说一路行程里的见闻和那种直冲云霄的畅快与惬意。又或者，追随在它的左右，意气风发地去搏击高空云天，并以不泯的斗志和舒放的情怀，心无旁骛地阅览那一江滚滚不息的浩古长流……

文化推介：始建于三国孙吴时期的黄鹤楼，享有"天下江山第一楼"之称，因唐代诗人崔颢的一首《登黄鹤楼》而得名，位于今湖北省武汉市武昌蛇山峰岭之巅。作为武汉市"三大名胜"之一，黄鹤楼已成为武汉市闻名遐迩的标志性建筑之一。黄鹤楼楼层五层，总共有五十余米的高度，坐落于海拔六十多米的蛇山之顶，内部由七十二根雄浑稳健的圆柱支撑而起，于外凌空舒展的翘角达到了六十个之多，屋面则是用黄色琉璃瓦覆建而成。整个楼体为铸铜黄鹤造型，极具民族风情，且与武汉长江大桥相向而望，倘遇清风明日，登楼远眺武汉三镇雄奇绚丽的美景，尽览浩然江流，令人顿时生出无限感慨。

游习体悟：黄鹤玉笛，江城梅花。挺拔独秀、辉煌瑰丽的黄鹤楼，后人虽有附会之见，自古以来却是令人无限神往。登上楼去，更有"俯瞰万里长江、雄踞蛇山之巅"之感。文章作者登得此楼，宛如见到龟、蛇驮双鹤之心力，在阅览江流之间，亦念"白云阁"之塔楼、怀"搁笔亭"之古义，心中随即油然而生"人鹤同乐"的纯然雅趣和欲在云蒸霞蔚之中觅得生机的清新志趣。

十一、最是原浆麦芽香

2018 年元旦那天中午，从市北区登州路青岛啤酒博物馆走出来的时候，谷瑞斯再一次情不自禁地回头看了看身后的古雅建筑，然后冲着庞立成跷起了大拇指，用她带着浓重澳洲口音的"中国话"半中半洋地说："青岛原浆啤酒，No.1！我很喜欢……"

坦诚地说，作为一个土生土长的山东人，原浆青啤一直都是庞立成的"最爱"！十几年前，他在和大学同学游览由老青岛啤酒厂改建而成的博物馆时，就知道"喝原浆青啤，恰如品尝水润鲜果"的说法。记得当时，他还专门咨询过本地市民，了解到"原浆"是不经细致过滤和高温杀菌的绝佳"酿造"，以其不透亮的"浑浊"堆砌起香浓的泡沫，将最为醇正和新鲜的口感奉献给了慕名而至的品尝者。

于是一直到现在，庞立成都会时常带着崇尚多元文化的澳大利亚爱人谷瑞斯，到"啤酒街"去感受市北不一样的街区风情。即便是在明丽爽净的夏日，这对不知疲倦的情侣，也一样能从延安二路来来回回地走到寿光路尽头，一起去感受满街清凉抛洒在高大欧式建筑之上的清雅与随意，也用心体味那些难以掩藏的非同凡响的畅快与惬意。当有亲朋好友来到青岛旅游时，他们都会带其逛游"啤酒街"，好亲口尝一尝原汁原味的"醇美佳酿"。

平日里，谷瑞斯总说她爱上了原浆青啤，和庞立成定居在市北区是极为正确和明智的选择。对于她的话，庞立成自然一点儿都不会感到意外。在他们看来，这源自市北区"啤酒街"的"原味佳酿"，一直都在毫不吝啬地用"青岛品格"改良着"中国口味"，也以舒放情怀接纳着青啤系列的"精良"，从浓郁绵长的"全麦"到鲜香醇美"原浆"，从低温精酿的"经典1903"到口口生香的"鸿运当头"，再到细腻净爽的"栈桥风光"，都真真正正地将齐鲁文化的厚实博远、精真大气和岛城人民的热情朴实、雅静信美蕴含其中，并传递到了世界的各个角落。

随着信息化元素的日渐融合，他们透过纯纯的原浆啤酒香，时时感受到"创新之城"正在不断地用它臻于完美的"青岛个性"，诠释着"创业之都"的智能制造品质，也以数字经济时代的数据标杆柔性考量着"创客之岛"的"国际品味"。这些年来，庞立成和谷瑞斯不仅亲身体验到"啤酒街"魅力四射的狂欢激情，也亲眼看到了上合组织青岛峰会举办以来的超凡胆识，将斟满"三创"精神的酒香洒向了四海宾朋，更把"激情成就梦想"的青岛工匠精神所创造的文化品牌价值推向了世界大舞台……

"深深嗅闻，滴滴醇香。My dear，你说，我说得对吗？"谷瑞斯绕着舌头一本正经地问。

庞立成微笑着回答她："没错啊！那就让我们一如既往地满怀激情，举起热情的酒杯，与岛城人民共享这喷香'原浆'的'美滋味'吧！"

文化推介：位于青岛市区文登路上的青岛啤酒街，深寓青岛啤酒文化的精髓，是百年青啤的文脉发轫之地。由老青岛啤酒厂改造而建的青岛啤酒博物馆，古意隽永，风情翩然，吸引着中外游客品咂啤酒文化和岛城风韵，可谓摩肩接踵、络绎不绝。"青岛原浆"因其保留活性酵母而显现一定浊度，不仅泡沫丰富、纯香浓郁，品之如鲜果，更以金黄色泽吸睛润眼，被誉为啤酒家族中的"超级液体面包"。生啤（扎啤、纯生、原浆等）不同于干啤和冰啤，因味道纯然而成为"最好的原浆"，在青岛啤酒香飘九州、享誉世界的今天，更成为文化盛宴中的一道亮丽的风景。

游习体悟：文章作者借庞立成和谷瑞斯两人的视角和口吻，诠释了自己对于青岛啤酒文化的个体解读，并引带出有关青岛啤酒街和青岛啤酒博物馆等方面的介绍，虽属浅薄之见，却也是真实感受。青岛原浆不仅是享誉九州的酒之上品，也是青岛人民"三创精神"的一个映照，极具中国岛城特质和国际风情品位，引领着时尚，也联通着未来。

十二、塔村访古觅沉香

远在深圳从事"文创"产业的朋友告诉我，说宝安区凤凰山脚下有一座"梳式"布局的村落，为文天祥后人聚居之所。其始建于宋末元初的古朴民居巷道和雅正清朗建筑，不仅蓄存着建于清代各期的家塾、书室，也有着当地虽历经七百余年历史却保存最为完整的古建筑群，煞是惹人喜爱；更有"鹏城"最高"打卡地"——文塔，极具游习价值。他还特别强调，若是遇到雨天，说不定能遇到一位如戴望舒笔下诗情画意般"撑着油纸伞的丁香般的姑娘"呢！

我心里痒痒的，于是从青岛欣然前往，想要一睹这特区之城中"塔村"

陈迹的古风神采。

当我们出了宝安机场，一路北行而至凤凰古村，发现在它并不算太大的空间里，满眼都是令人掩不住的惊诧：笔直悠长的巷道，倾斜有度的檐角，还有满壁攀爬的青苔，伴着现代化街灯的映照，真是让人大有"穿越"之感，会不由自主地留恋起这寂静无声的"慢时光"里每一次脚步的起落。偶尔，我们也会听到沉寂的院落里哗哗的流水声和在略宽的隔道中孩童骑着单车随意轧过石板的声音，却又转瞬即逝，好似"青春的小鸟"从叠砌的青砖间一飞冲天，再难觅其踪影……

就这样走走停停，我们终于寻到一处果树下设的石凳。驻留聊叙间，朋友就此向我介绍起村中凤凰塔的"前世今生"。原来，这座角层为"六"的砖木阁楼式"文塔"，又名"文昌塔"，为文天祥后人建于清嘉庆年间，以示纪念之意。相传曾有凤栖于凤凰岩，又因有道士于此潜修而建庙塑像供奉，重修之后渐成名胜古迹，极具文物价值。此一地标性建筑高约 20 米，现为深圳最高塔阁，周边所建有着凤凰球、柱的休闲广场，不时会有民俗活动举行……

听着朋友"有板有眼"的介绍，我看了看这一片烟火气似乎并不是那么旺盛的"塔村筑影"之地，心中竟不觉地生出几分空寂和落寞之感。

朋友见此情状，有意地开起了玩笑："我说，你是不是因为今天没有下雨而感到遗憾啊？可是没有遇到撑着油纸伞的姑娘？"

我略微地笑了笑，随后回应了一句"旧时王谢堂前燕，飞入寻常百姓家"。便一个人闪过本就稀疏可见的人头，沉闷着绕道继续往左前方的文天祥纪念馆走去。

在馆内，首先跃入眼帘的是一尊由粤港人士宗亲会捐建的文天祥石像，我无比崇敬地端详了一会儿他的面容，而后慢慢走进室内，发现此地游客竟是如此稀疏，感觉那缓行的脚步简直寥若晨星……

待到终于叹息着走进朋友言及的古塔，才发现在这座六层建筑的塔身之中，只有第一层为花岗岩石砌筑而成，其余各层皆为青砌筑；而塔内每层，都有木梯通联；塔层匾额阳文井然，自右向左来念，分别为"凤阁朝阳""开文运""经纬楼""独占""直上""绮汉"，意在勉励族人要尊师重教、承继祖业，字间极显凤翥、龙翔之气魄，也很给人一种沧桑、厚重之感。顿时，一股沁人心脾的香气袭满了我的周身，那一笔一画擎聚而起的祖训家风，也在这香气氤氲中一丝一缕地蔓延开来……

当我们最后走过东南方向那座厚重无声的"文氏宗祠"，我不禁再一次远望它高翘着的精雕细刻且绘满了亮彩的檐形轮廓——它与那一座地标塔阁相比，自是破败了许多！我随即将目光聚焦于大门处，此时旁边那一副依然醒目的"烟楼世泽、正气家风"对联，显得如此遥远和寂寥，不禁感叹它数百年砖木纹理的历史沉积，却终究抵不过时光之手无情的摩挲，竟在这喧嚣无边的现代都市里囿于"方寸之间"而变得"无人问津"。或许，唯有那岭南工匠用他们的卓越技艺打磨的"正气堂"，在用它"天地有正气，杂然赋流形"的亘古深意，招引着一个个为数不多的"访古者"孤寂而来的灵魂，其香萦人心怀，其味隽永可燃。

也恰在这时，我的耳畔、眼前又隐约响闪起电视散文中的语音和画面："公元 1275 年，元兵南下，宋丞相文天祥兵败被俘，于监押途中写就'人生自古谁无死，留取丹心照汗青'的惊世绝唱。文氏族人溃散，潜逃至宝安沿海荒芜地带。胞弟文璧携族人先居于松岗西海，后有文应麟携族人迁居凤凰岭，遂建村开业，繁衍不息，渐成雏形……"

历史尘烟已去，塔村幽香尚存。我多想能再多一些觅得这般意蕴宏深的古韵陈酿，让它们不单单在教科书中静静地流淌，也能被置于灯火通明处为更多的人端详，好用心去感受那忠肝义胆里激扬的所有情致和实地实景中升腾的点点温凉……

文化推介：位于深圳市宝安区福永镇岭下村的"文塔"，是深圳仅存的一座古塔建筑，可谓历史悠久，古韵深厚。"塔村"得名于民族英雄文天祥后人于此聚居。松岗的渊源，岗厦的美谈，加之四面鱼塘和茂密山林，给予了此一村落更多的文化底蕴。行走其间，不禁令人想起"天地有正气，杂然赋流形；下则为河岳，上则为日星"的宏阔诗言和"人生自古谁无死，留取丹心照汗青"的赤诚心语。

游习体悟：文章作者访古"塔村"，得无限感慨，完成此篇亦是发自肺腑之言。作为曾经完整的古建筑群，本该为更多的人所敬仰，并给予后来者不断前行的力量，但在经济圈日渐包围文化古迹、现代建筑超强汇拢的当今社会，历史遗存却遭遇到前所未有的"冷遇"而"人迹罕至"，不得不说是令人深感遗憾的。

十三、紫意晨光阚海楼

白云之下，秋光正好。我约了几个朋友一早去登琅琊台。

琅琊台三面环海，不改旧时模样。微凉的海风一阵阵地吹来，却丝毫挡不住我们一行数人心中登高的热情。迎着晨曦中刚刚苏醒的仙台紫气，我和书友老杨撇开缓缓而进的朋友先行登台，而后又东向而走，很快便来到了那座旷古迷今的"望越楼"下。

望越楼临海而建，是一座古意深然的楼亭建筑。史传越王勾践曾于此南望会稽、思乡怀远。如今的望越楼，是为旧址新建。我俩站在楼下，仰视而望，远远看着那三个纯然醒目的"望越楼"大字，心中随即生出无限钦佩。等到登上楼，一座由紫铜铸成的勾践像跃入眼帘。只见他身披铠甲、手按长剑，大有号令四方、雄霸天下的傲然气概。看得出，在其英明神武的目光之中，毫不掩饰地透露着自己对于故土的一片深情。

老杨不禁拿起相机，开始了各种拍摄。我笑着对他说道："在这晨光遍洒的空气里，处处都有思念的因子在飞翔，你就好好地拍一拍吧！"

老杨哈哈笑了两声，说："古往今来，被誉为'四时福地'的'琅琊台'积存了太多的文墨书香，而这'望越楼'呢，也不是只留有'歃血为盟'的旷古记忆。我可要在这西海岸新区的'打卡地'，替东坡先生做个留念！"

他的意思我当然明白。史载当年苏东坡驻守密州时，曾有幸寻得琅琊刻石的拓片，不禁对其大感兴趣，于是决心登台探寻，竟是"乐之忘归"，遂写下《书琅琊篆后》，以表超然心绪。此时此刻，我又开始叹赏起他心中所存的那一份将缕缕心韵尽铺于纸端的才情和心智来！想必在其坚如磐石的定力中，除"月明千里照平沙"的秋光幻影外，也留有如磁石般吸引着"卧薪尝胆"的"越王"登楼傲海、满心期盼的绵绵深情吧！

我随即丢下老杨下得楼来，再一次地向着楼上那几个大字望去，感觉紫意晨光中集聚而起的，是丝丝凉意，有点点诗意，让人思绪万千。心想那迁都琅琊的越王勾践，虽筑台心向故都，却难逃背井离乡的思恋与渴盼；而三次登临琅琊台的始皇帝，纵有云梯御路垂云通天，终归是寻觅不到可得长生的灵丹妙药。或许，唯有这历经了海潮翻涌、尽览了彩云追月却依然心平如镜的亭台楼阁，才能说得清、道得明吧……

云飞剪辑了夏色，叶落知会着秋风。等到其他"掉了队"的朋友手执着于路边捡拾的枯叶来至望越楼时，我和老杨还在楼下享受着紫意晨光里饱含着的四时景象，也好似在彼此的"心见"中体会到了"望越楼"上那种临海思归的期盼心境，挥之难去……

文化推介：望越楼，位于海拔 180 余米 AAAA 级景区的琅琊台东侧。所建的两层亭阁式仿古建筑，立有越王勾践遥望故乡的铜像。据史籍记载，春秋时期，越王勾践欲称霸中国，遂徙都琅琊，立观台以望东海。望越楼现已成为琅琊台景区知名景点之一，是观海上日出的绝佳位置。

游习体悟：文章作者登台望海，于望越楼上追慕旷古的记忆，并以"不掉队"的心志畅谈古今。勾践的铜像极显其英武神明的风范，也深寓着内心眷恋故土的绵绵深情。此篇实非单纯的思乡怀远之作，更多汇聚的是在紫意晨光中那一份临海望远、探古思今的情致。其间，不乏垂云通天的志向和坚毅果敢的精神，也是卓越人才应该具备的基本素养。

十四、东湖漾舟见清幽

一个得闲的周末，我来到地方色彩浓厚、商业气息寡淡的古越之地——绍兴，再一次体味那文域深蕴的静雅之气。不必说从百草园到三味书屋的追踪觅迹，不用谈沈园陆唐二人的忧戚往事和"书圣"王羲之凝心玉成的《兰亭集序》，单就那乘坐着漆黑篾篷的乌篷船，赏览略带秀丽之色的东湖水韵和其孔连云天的拱桥峭壁，就足以使人顿生期盼之情。而这片水乡的原生态，可谓"一处一小景，一步一欢喜"，这些都是我喜欢的！于是不得不带着"宛如初见"的清幽心境，再一次踏上了这可尽情览物抒怀的"探幽之旅"。

绍兴东湖，与杭州西湖、嘉兴南湖一并称为"浙江三大名湖"，史传它因秦始皇东巡会稽于此供饲马刍草而得名。湖岸有山，山育青石，自汉代被辟为采石场以来，至隋朝时建为绍兴城，后又历经千年终成峭壁深渊，可谓鬼斧神工，神秘幽深至极。

一路上，导游兴高采烈地介绍说，这座静湖最大的景观特色，就在于游人坐在乌篷船上穿行于湖洞之间，不仅可静心仰观峭壁峻岩，亦能悦然赏览洞中水天……对于这些，我上次来时就知道的！但此次还是心有期待——它山水相依的丰姿和湖洞相连的优雅，确实是"别有一番洞天"。只不过，上次来时已近深秋，湿润的天气满目皆见寒烟叠翠，虽有乌篷船影润眼拂心，又有桥孔透爽和碧水开道，却是"一片心静存凉意，热身向暖暮雨来"。

这次显然不同！我看那小巧玲珑的东湖镜面，映照着碧云朵朵，真是千姿百态，憨态可人。我的心情也不断随着明净光线变换着色彩。当乌篷船桨划拨的水声吵醒了静谧湖岸，不时地荡起清波剪断满目静水，周边的峭壁也仿佛一下子苏醒了过来，变成了娴静端庄的小姑娘，似乎想要尽力将那时而浓郁时而明丽的色彩，涂抹在每一位来此赏观的游客心中。

不多时，船工便停下夹在腋下的手桨，操着淳朴的绍兴乡音说："前边，可就是有名的陶公洞喽！"

我迫不及待地站起身来，目光跟着狭长的乌篷船缓缓望进清幽洞中，满身瞬间就被微凉之气包裹了起来！我看那洞中之水呈现出的是黛碧颜色，不禁俯身用手拨起水晕，回声随即嗡嗡作响；仰面朝天之时，岩壁又恰似铁幕，给人密不透气之感。

当乌篷船行至深处，此时一线天光照射进了洞中，先前的"清幽"立马生出了活力，令人大有"坐井观天"之感。继而，我便看到了郭沫若先生那一首凿刻在前的《东湖》名诗："磐簧东湖，凿自人工。壁立千尺，路隘难通。大舟入洞，坐井观空。勿谓湖小，天在其中。"顷刻之间，我的心便似乎寻见了无限光明。

待到从与陶公洞相邻的仙桃洞出来，我还在回味着那"洞五百尺不见底，桃三千年一开花"的美谈。我一边默默回想着刚才还仿佛刻在自己心里的幽深凿痕，也体验着那由往日辛勤的石工们创造出的名胜妙境，一边庆幸自己此行可真是来着了！因为在这处峰陡天高的玄远秘境中，随处可见的是碎玉般的圈层涟漪，随处可感的是袭人依旧的微醺凉意，随处可念的是回声入耳的清幽雅趣……

文化推介：东湖因位于浙江省绍兴市古城区之东而得名，为浙江省三大名湖之一。东湖"小而见奇"，奇石、奇洞（陶公洞、仙桃洞等）等景观使其闻名遐迩。景区自然风光怡人，历史古迹众多。乌篷船为东湖特色景致，乘船畅游东湖，犹如在画中行走。

游习体悟：此篇游习之作，源自文章作者于古越之地绍兴漾舟东湖的探幽之旅。鬼斧神工的峭壁深渊，神秘清幽的洞中水天，皆在乌篷船缓缓行进的实景延展中铺展开来，给人以摇曳心旌的非凡体验。此文虽非探险之作，却也能够激发远行者寻见"一番洞天"的探寻意识。

十五、山行无歇到巨峰

2021年端午假期的最后一天，忙里偷闲的我约了小刘及其他朋友一行四人，前往崂山巨峰景区，再览"崂顶"自然风光和俊美景色。

当下了大巴车，行至山门"天地淳和"牌坊时，我就拿出自己提前做好的"功课"，对着小刘他们说："知道吗？海拔约有1133米高的巨峰，堪称中国海岸线'万山之祖'。它傲视着巍峨山岗，包孕着壮美景象，可谓云浪浮游，峰峦叠翠……"

小刘微微一笑，直指着前方缓缓滑行的索道缆车说："不知您是想徒步行走呢，还是要空中飞翔啊？"

我不屑一顾地怼了一句："呵呵，说什么呢！我爬山可是从来不坐索道的！"

"那咱俩赛赛呗？看谁更快到达巽门！"小刘好像不大相信我的话。

说着，我俩便舍弃了另外两位朋友，速速进得这"海山第一仙山"的石道，直奔灵旗峰方向。一路上，一株株山樱扑面而来，红黑的果实着实令人垂涎；又见登山的行人走走停停，俯仰之间皆是乐在其中。等到我俩走过兀立半山"狗头"模样的自然碑，来至离门，看到两侧那一副"乾坤知造化，登易学堂奥，瞻视无碍；天地任作为，入数术门庭，悟法有方"的楹联时，已是全身湿透。停不下来的脚步告诉我们此处不过八百米的海拔高度，前方应该会有内心想要的风景！于是，都不约而同回头看了看身后，另外的那两位还不知在哪处山头歇脚呢！

我和小刘只好沿着巽门右侧拾级而上，不多时便身居高处了。虽然两人爬山速度难分伯仲，也是停留无意，却能尽情阅览攀爬崂山巨峰必经之处的"摘星亭"。凭栏伫立，我俩越过横跨灵旗峰绝壁的先天桥，看着那溢满了仙风道骨气韵的"亭中对弈斜摘星斗排棋子，脚下生云平礼神仙煮绿茶"对联，心潮更是起伏不定，满心虽然恬静自然，尽是于岩道抱山之间积存的淋漓畅快之感，却丝毫没有攀登绝顶畏难止步的想法。小憩之时，天气开始阴晴不定，翻滚的云海好似要卷叠起旧梦的声音。我俩随即下了巽门，继续前行。

当过了震门来到艮门，再到坎门，大自然的鬼斧神工越发尽收眼底了！坎门的不远处便是观景台，在此我俩大有"一览众山小"的感怀。望着崂山全貌，任凭层峦叠嶂缥缈于心和怪石林立竞秀在目，我们竟没有半点的疲惫！

而后，我俩又走过乾门、兑门，来到坤门。坤门两旁的楹联"身过斯门直方大，人居坤位自含章"，意为大地母亲厚养无边，孕育了万物，却不失仁德和善良本真。远眺之间，果真令人深感"巨峰十万八千丈，大海东来接混茫"的气势！此行未曾止步，我一直都在想，倘若一个人有着这种高贵品质与非凡才华，也自会像这海上道教名山一样留得芳名于后世吧！

待至我俩下得山来，雨雾渐浓，顷刻之间空中竟然飘起细雨！抹了一把脸上的湿气，乐此不疲的我们才突然想起那两位失踪已久的"旅友"来！大笑不止之余，心想原来这登山也要讲求"一气呵成"呢！山行无歇，志在登攀，却不必刻意追求"环绕交叠"，更不用过度强调"快慢添减"。我甚至还觉得，即便没有了款款而进的"慢条斯理"，也会多出几分"润颜养心"的舒畅惬意！这一路上，真是得意满身心、汗流浃背了，甩一把丢在一旁；腰酸背疼了，腾越间继续行进，只因心中存有渴望，眼中升起了梦想……

文化推介："巨峰"海拔 1133 米，乃青岛崂山主峰；其气势雄伟，傲立山海，有"万山之祖"的美誉。景区以三大奇观著称，即云海奇观、彩球奇观和旭照奇观。置身其间，能仰观奇峰竞秀、俯瞰海韵绵延。"巨峰"巍峨，景色壮美无边。游人攀至崂顶，可尽览黄海万顷碧波，远眺云海俊美山峦。

游习体悟：文章作者在端午时节行至巨峰景区，自山门一路攀高而上。至"巽门"之前，虽无太多歇足之惬意，却得山行循迹之快意，"摘星亭"处，更有不畏险阻之心得。古人云："登山则情满于山，观海则意溢于海。"此行让作者更加认识到锁定目标、直奔而行的重要意义，应享受一气呵成、山行无歇的实践过程，体味全身心投入生活的畅快与美好。

十六、探牛撷韵到宏村

碧玉霜迎衣袂飘，幻桥谁画丽诗敲。雾织秘夜肥柴疏，意藉村风侍远箫。

沿着吴冠中先生觅踪循迹的通灵之路，伴着如泣如诉的阵阵箫音，我和文友段璟晨踩着牛年的尾巴，一大早就冒着雾气，来到了有着"画里乡村"美誉的宏村。

姑且不说此地柴门淘洗的日常和远客临水写生的惬意，光是徽派风格的浓墨重彩，就借靠着人类文明积聚的博然底蕴和挥散而出的聪慧才智，使这一处始建于南宋时期的皖南村落，在古朴素净的粉墙黛瓦装点下，越发显现出"牛形水韵"的秀美之姿："牛首"倚枕着的，是苍翠绵亘的雷岗山；"牛角"呢，正悬挂在村子中的古木之上；而错落有致的民居，则成为其肥硕的"躯体"；还有那潺潺泉水，也淋漓尽致地贯通着它宽松无比的"肠道"，在流入"月沼之胃"后，终至"南湖之肚"。更有惠村利民的细密水系，用它稳固的"牛腿"支撑起了四座桥梁，描画出一幅"浣汲何妨溪路远，家家门前有清泉"的村落美景……

当然，让我们接连惊叹的，远不止这"形壳外观"的存续。因为在百余幢民居当中，不仅有富丽堂皇、雕艺精良且被誉为"民间故宫"的"承志堂"，碧水环绕、卓显徽派传统建筑风格的"南湖书院"，还有那线面严谨、古韵深然的"敬修堂"和古藤长蔓拴系不住、马头翘角遮掩不了的"天井式"四合院楼……而它们，都在牛形村落的浑然包孕下，更加焕发出"宁静致远"的神采。

我和文友跟着不算熙攘的人潮，在村中"月沼"之地的"十灯笼"处驻足良久。雾气渐渐消散，片片红润映照，月沼变得更加迷人。我们从近旁的导游那里探知，月沼作为牛形村落水系的"胃部"器官，水向外流即能生出"反刍"功效，只是至明朝万历末年南湖得以开挖，才使其水流外汇于村南而成"牛肚"之势……

文友听后，禁不住愈加赞赏起这"牛韵十足"的宏村来，诗兴油然而发："河圳倚湖凭许爱，渠潜斗酒抱裳湿。冀衔老井村溪去，正是成泓奇遇时。"

一旁的我，虽心明其意，却也愿意继续听他喃喃自语："即便是高昂的

'马头墙'和古朴的'敬修堂',也挡不住这'牛气冲天'的庞然水系啊。这,才算得上是真正能够利国利民的'顶层设计'!"

是啊,早听人说过,宏村本就是一头斜卧的"青牛",黄山余脉递送给了它无与伦比的灵秀之气,而村中那两株苍劲挺立的参天大树,则赋予其绚丽至美的水韵神光。走在青石铺就的街道上,我一直在想,在这处多少摒弃了俗世喧嚣和浮躁烟尘的静雅之地,一时抽身至此的人们,可以捡拾到的,不仅仅是它随处可见淘米、洗衣的闲适心情,更有那开窗望明月、推门见远山和移步得水韵的环境熏陶。人与自然的和谐相处,想必就源自这"天人合一"的巧妙构想吧。

我这样想着,不觉间放慢了脚步。思虑良久之后,也赋拙诗一首,算是对此行"探牛撷韵"留存的纪念:

乡畔拾闲鞋亦闲,冬风徒蓄买花钱。

针弦绕指痴当信,话语盈辉魅咫牵。

淼映幔绸寻韵海,夜噙星别月光眠。

宏轩旨趣无奢物,旌挑新琴为艳羡。

文化推介:"牛形村落"宏村,位于安徽省黟县,现已被联合国教科文组织列入世界文化遗产名录,成为国家 AAAAA 级旅游景区。作为第一批中国传统村落,三面环山的宏村因整体上形似斜卧的"青牛"而远近闻名。其徽式建筑遵循了"天人合一"的设计理念,包括 140 余幢明清风格的民居和月沼、南湖和乐叙堂等知名景点。

游习体悟:文章作者"探牛撷韵"而至宏村,可谓收获颇多,不仅感受到了"牛形水韵"的秀美之姿,也积攒了不少"宁静致远"的心得体会,拾获了人与自然应和谐相处、互不违背依存机理的智慧心见。源自游习的体悟,应是促发内心所得付诸实践的动力,其中的"体验式"认知功不可没。

十七、如梦出游在宋城

西子湖畔,沐古寻风。一个得闲的周末,我和朋友吴熙铭避开青岛夏日的潮湿和阴晦，来到融聚了两宋文化、承继了南宋遗风的千古神韵之地——宋城。

我俩跟随着拥挤的人潮，刚一走进"给我一天，还你千年"的城门，就被前方不远处"人皮客栈"里所发出的惊悚音响震慑了一把。下得楼来，继续前行，才发觉此地随处可见的酒肆作坊、步步惊心的怪街鬼屋，正携伴着进至可闻的市井气息"扑面而来"……它们，都被一股脑儿地"摆放"在了游客面前。

这里，就是近在咫尺却又历经了千百年疾风骤雨的南宋朝！移步之间，每每捕捉到一种穿越于神秘、奇异还有瑰丽梦境的美好心情时，也才发现——原来自己所看到的，正和满心期待的一样，都从那一梦千年的宋都街景中款款而来。

且不说城楼处的灰砖明瓦、布艺坊里的灵动梭机，单就铁匠铺中的锄头钉耙、"武大郎"饼店的香脆烧饼，就足以让你流连忘返。还有那"神叨王婆"的自卖自夸、皮影戏台上的别样风情，乃至草编剪纸的传世手艺、飞刀木偶的杂耍趣味，都会令人心生向往。

待至我和小吴穿过"情桥三门"，一座预示着五谷丰登、国泰民安的城楼便巍然立于眼前。我俩拾级登上金碧辉煌的宋朝皇宫，看到拍照留念的人络绎不绝，大有恍如隔世之感，不禁频发了一通感慨。

驻留之时，我们也看到眼前有着不少山石托举的佛窟神像，在蔚蓝的晴空下显得更加庄重、安宁与祥和，那景象着实真切无比！当走过深然古意与今时妙景交叠着的嬉水、茶饮区域，我俩远远望见前方人头攒动，还不时地传来阵阵喝彩声。等到走近了看，才知晓是二楼王员外家的"大户小姐"在"抛绣球招婿"，随即也跟着围观的人们一起拍手叫好。

而后，一幅避开了外界喧嚣的"清明上河图"吸引住我们的目光。动感的幕布，在局促的空间中投射着盛世的画风。借助于高科技手段，它正将一个个形态各异的人物和一座座宁静安详的院落于方寸之间一展无余，简直惟妙惟肖至极！使人仿佛再一次回到漕运水脉疏通着有无、祥瑞气韵连接着昼夜的宋时风情……

黄昏时分，意犹未尽的小吴还在一个劲儿嘟哝着说："作为歌舞灯光秀表演，《宋城千古情》虽只有一个小时，却是'一生必看的演出'！"于是，我俩也学着"追沐世风"，走进会场饱览了一回梦回千年的炫彩幻境。座无虚席的演出，甘霖尽洒着浪漫，它不仅"追根溯源"了秀美山川堆叠的良渚文化，更以"宋宫宴舞""金戈铁马""西子传说"和"魅力杭州"等四个篇章，展现出历经了繁荣鼎盛、磨洗过风霜荣辱、勾勒了美意纯真且传递着创新理念的宋城新貌，真是令人深感不虚此行！

几天后回到青岛，天气还是一样的湿润。带着满心暖意，我和小吴又重归了现实世界。独处时，对于宋城的种种"依恋"竟从杭州的种种美好中跑了出来，毫不客气地再次爬上心头。我想，或许只有这短暂的如梦出行，才能还给自己一个心潮澎湃的夏天吧……

文化推介：位于浙江杭州的国家 AAAA 级旅游景区"宋城"，其形神兼备的设计布局和仿照宋朝的建筑风格，总能够给予游客们以如梦似幻的感觉。人行其间，《清明上河图》的神韵可见一斑；漫步廊道，鲜活的两宋文化扑面而至……这一处被誉为"世界三大名秀"之一的大型人造主题公园，处处可见穿越心神魂魄的亮丽图景和神秘庭院。

游习体悟：文章作者在一段说走就走、梦回宋朝的旅程中，展现了宋城非同一般的景致，并在令人心潮澎湃的语言描述中解读了相关文化内涵。尤其是在那亘古通今的"宋城千古情"演出中所呈现的创新理念和在人文风貌里刻意雕饰出的美意纯真，更能使人沉浸其中而采撷古韵。这无疑在留存文化根脉的同时，提升了自我认知。

十八、花开成海籍杜鹃

出了深圳中心书城，北行不远处就是莲花山公园了。

周末的一大早，深圳大学的朋友崔立明就开始督促我，等买完书后一定要同他一道去看公园里的簕杜鹃，说是要继续"与美同行"，再一次打卡那盛装出席的梦幻花海。

自北方而来的我却不以为然，心想簕杜鹃有什么好看的！难道会比青岛西海岸新区大珠山的杜鹃花更漂亮？

这个时令的"鹏城"，空气中还隐约有些薄雾。当我和崔立明来到公园门口时，游园赏花的人们已是络绎不绝，玻利维亚乐队的排箫演奏华丽悦耳，似乎在用满腔热情驱赶着一切深藏的阴霾。我俩穿过莹绿平坦的风筝广场，步入风情万种的椰风林区，很快就行至单向通行的花展场地。

崔立明告诉我，此季花展中的簕杜鹃，相比往年品种可是增加了许多，新品就达230余种，加上十二主题园区中两百来盆的花景衬托，算得上是历届最大的一次了！几天前他来看时竟然没有尽兴，这回一定要"过把瘾"，赏它个痛快！

恰在这时，我冷不丁听到近旁一位"红马甲"义工男士，正在拥挤的人群众外向一位白发苍苍的老先生介绍，说此次花展共有四个核心展区，力主突显岭南区域的多彩亮色和希望之城的精神内核，面积达到了几十万平方米，可谓花色娇艳成海，姿态妖娆万千。

嗯，确实是和青岛的杜鹃花大不一样！崔立明也在一旁补充说："此花非花，苞片即能万紫千红；花柱挺立，托起至纯花色。"我不由得放眼四周，眼前真是一片繁花盛景啊！白如雪花的，洁净无瑕，甚是扎眼；红似火焰的，暖似光束，极为温润；紫若蓝莓的，一成深色，沉稳庄重；花团锦簇的，又如孩童般活泼、可爱……还有那些远看如彩云、近观似流星的怒放小花儿，仿佛一下子就让你的心情浮游于一片静海之上，唯有应接不暇的惊讶与难以抵挡的畅快携伴眼球。微风拂过，这些不带香味儿的花朵也柔情似海地随风舞动起来。此时，什么筋道爽滑、绵柔香醇的多味肠粉，什么纯正鲜美、芳香四溢的奶昔醪糟，统统拜倒在它们梦幻多姿却又清新无限的裙裾之下。

而后，我俩一口气登上了莲花山，此时雾气正在渐渐散去。等到瞻仰过邓小平同志的雕像后，我和崔立明又端起水杯品了会儿茶，而后定神南望福田锦绣……阳光煦暖，栏杆近在眼前，目光回落处更是尽现簕杜鹃，烈焰晨光已成红艳花海！不知何时，耳畔又传来瑞祥飘飞的箫声。我在心里感叹着，这簕杜鹃花作为深圳的市花，真是现代之城中装点生活的美丽使者啊！它们虽外无芬芳，却能深蓄桂香，赋予人们回归自然、向阳而生的真心热情和坚韧不拔、顽强不屈的精神风貌，简直润目养心，令观者无不动容。

登高雾跑，莫笑深情恼。踏遍青山茶正好，清影浪牵图杳。桂香澎湃箫声，仙岩直揭冬城。叹事[①]咫瞰莲岳，静花旭日东升。

下山时，崔立明显然已是诗兴大发，竟拟了一首《清平乐·登高》。

我一边啧啧称赞，一边心想在这“非常时期”的钟灵毓秀之地，康乐已是人间幸事，此番能够有缘追梦如海花城，真乃人生一大乐事……

文化推介：作为深圳的市花，簕杜鹃热情洋溢地簇拥起“尘世中一抹红”，将万千生动和蓬勃朝气洒落在街头巷尾。这种红似火焰的花卉又名三角梅、子叶花，因其苞片最具观赏价值，且形如梅花或叶子而得名。此花寓意坚韧不拔、斗志昂扬的精神风貌，用红花翠叶装点了深圳充满激情、生机无限的俏美姿容。簕杜鹃的花语意为“枝条有刺，花如杜鹃”。四季花开，润美无边。尤其是莲花山公园里的花海，更是姿态万千，雅韵无限。此花象征着深圳人爱美、爱生活的俊美心态。处处可见的红艳，令人更加向往深圳这座拼搏向上、敢于争先的现代化城市。

游习体悟：当你徜徉在一片片扑面而来的润美花海，眼看着那绚丽的色彩在身旁一抹抹铺展开来，感觉仿佛有着一种流动的力量在托举着自己微小的躯体。这种力量，便是深圳这座城市赋予人的不断前行和顽强拼搏的内生动力。簕杜鹃花开成海，沉浸其中，人的精气神也会焕然一新。这种姿态，也应该成为应用型卓越人才所具备的神采风貌。

---

① 叹事，意指品用粤式茶点；莲岳，华山之谓，喻指高楼大厦。

十九、半山檐卷听雨声

2021 年初夏的一个周末，我约了朋友去爬崂山，当行至半山腰时，突然密云压顶，紧接着竟然毫不客气地落雨如注。我俩虽是猝不及防，却也全然不顾地欣然前行，一路享受着湿湿的惬意。

雨意无边，缱绻如檐，我们只好知趣地寻了一处山亭，藏身避雨，驻足留观。

山亭不大，视野却刚刚好。人立其中，犹如摇橹望川，无论是高泉、飞瀑，还是石链、重岩，都可渐次入眼，尽览远近景观。我探出身去，静静地望着沥水的重檐，仿佛看到了山亭之外的雨正携带着几分幽雅的丰盈和素净的虔诚，接踵而至。心想着在那洒脱纷飞的雨滴里，或许藏有如同陆游一样"萤雨潺潺，蓬户无眠"的丝丝伤愁，而那李清照般"幽阶碧草听指弹，暮雨过后赏新晴"的细密心境，想必也会一股脑儿地迎面而至吧！

一旁的朋友脱下能够拧出水来的长衣，似乎很是嫌弃这不解风情的山中天气。不想片刻之间，他竟半摇着头，半踮起脚，拟了诗句给我看："独出无尘雨渐兴，相知游习折重程。修心不厌香飞卷，犹念悬河听雨声。"

我连连称赞，而后探头指着那山亭边上被夏雨润湿了的檐角说："你快听，檐雨无风，却是滴滴入耳；半山有雨，可谓声声撩心！"朋友很是惊喜，随口丢下一句"和你竟然还在一个频道上！"便独自咂摸他那诗句去了。

看着亭檐卷翘，雨滴蹦跳，此时的我，心中随即生出无限欢喜，静听中一种别样的情怀也不禁油然而起。只恨没有随身携带薄纸素笺，也好舒放一下满腹心意，唯有任凭思绪翻飞，走笔狂舞，宛如行于润景画屏之间，竟是没有留下半点的纤墨痕迹，却在眼前时时浮现出一个个清新扑面的"自己"。

在这雨声里，我听到了"江流天地外，山色有无中"的壮美与邈远；听到了"邀得半缕清风，烹出一壶好茶"的闲适与优雅；听到了"一弯千秋月，摇曳风波里"的释然与洒脱；也听到了"远离喧嚣、情归真纯"的明净与旷达。在这里，浮现着童年的无忧无虑、少年的果敢坚强，敲打着青年的执念心恋、壮年的虔诚信守，也诚邀着暮年"无雨而至"的消解与舒畅……

在这雨声里，我更听到了世间积存着的一切美好：春花秋月，几多明丽如镜，总看不尽青柳枯荷描画的点点心迹；夏雨冬霜，多少寒意连江，终抵不过麦陇谷香暗藏的那一份浓郁和绵长。抑或告别了"草长莺飞二月天"，又冲破无边烟雨，荡起一叶扁舟静听渔歌欢唱，而后穿行于松涛海涌，去追慕那"落霞与孤鹜齐飞"甚或"菊残犹有傲霜枝"的至美盛景……

"这真是半山听雨，山在虚无缥缈间；亭檐卷翘，檐外得见真永远啊！"我不禁感叹。

等雨停了，我们下得山来。我耸了耸肩，用力抖落发梢上的雨珠，看朋友也全然没有了半点先前的抱怨，变得身轻如燕起来。霎时，一种畅快之感再一次涌上了心头……

文化推介：青岛崂山太清景区是崂山景区中展现道教文化的代表性区域，因其庙殿建筑太清宫而得名。此景区南面太清湾，俗称"崂山小江南"。其间，竹林葱郁，棕榈挺拔，片片茶园青翠欲滴，排排密植的古树参天林立，人行石道之上，观山海雾霭，仿佛置身于人间仙境。

游习体悟：洋气的雨声里，积攒着美妙的诗句；喧闹的雨声中，更有思绪翻飞的认知体悟，毫不遮掩地衬托出山海的宁静和内心的律动。这一场有滋有味的聆听和剖解，或许就是"修身养性"得见实效的见证，于人于己，皆有裨益。

第五节　余篇

一、在理实一体中提升认知

中国文化游习视域下的应用型卓越人才培养，是基于伟大时代背景，创新发展理念和深化内涵、开阔视野、谋求高阶、拓展格局等的文化品鉴与实践路径探索。在一回回"知行合一"的砥砺当中，我深切感知并体验了身为"文化人"在中国博实勤信的文化大潮中无限推进个人成长的痛楚与欢愉、闭塞与畅快，不仅用一颗求知向上的心承继着中华民族的优良传统和深厚文化底蕴，吸纳时今新潮亮彩呈现出的文明精华，也以自己的脚步丈量了多方"寸土高台"，阅览了祖国的壮美景观，拾获了受益终生的后续滋养与实践心得。

说到底，应用型卓越人才培养倡导的还是以尊重现实和遵循规律为基础的教育模式创新与实践突破，关键就在于如何理实一体地提高认知水平和知行合一地生发学思践悟。不管是"个体化"的游习所得，还是"抱团式"的体验认知，乃至彰显本地区域特色和实践精神风貌的所有文化行为，都不可缺失躬耕于教育、献身于实践和永攀产学研高峰的向学心志和勇敢探求精神……

就个体实践认知而论，相信其间所有的"行走"，应该都是"有态度""有温度"和"有厚度"的！正所谓"读万卷书，行万里路。"在我或独步于信美山川，或畅游于南北区域，或笔耕于文化方阵的各个时段中，同时也更加懂得了"千里之行，始于足下"和"行百里者半九十"的道理。而这些每到一处所积存下来的感悟与心得，也算得上是得益于创新思维模式的实践探索和理性认知。推而广之，作为一笔宝贵财富，它们将永远激励着"游习者"们不断背起行囊勇往直前，也必定会在文化融通的过程中不断激发大家摒弃糟粕，捕获新知。

由衷而言，无论从北国之春的冰凌乍响到南国花海的暖阳普照，还是从东海之滨的船歌互答到西都旧梦的贵美成真，我都从这些"文化游习"之中，真真切切地感受到了中国"游习文化"的浩如烟海和其思想内涵的博大精深，也在一次次自我形壳的"剥离"与"重塑"中，亲近了和谐自然，增加了见闻阅历，当然也在实践教育层面，引发了更多的思考。

其间，我融会了不少自己有关魅力场景和研学之地的实际感受。比如，对于"帆船之都""啤酒之城"——青岛的喜爱之情，个人也就其文化底蕴做了一定程度的实践探索，意在通过一己之见，在更大范围内发挥出良好的辐射效应，也为深层次地开展文化游习实践打开更加明净和畅快的窗口。正所谓"活色生香山海间，一屋一瓦见悠然"。在这座山海城相融合、岛滩湾共发展的"创客之岛"，可谓"降雪真身精魂犹在，九水画廊灵韵乍现"。而青岛西海岸经济新区，更有凤凰岛、金沙滩、灵山湾和珊瑚贝壳桥、影视博物馆、生态产业园……它们在数字化媒体的新时代，更将"文化游习"的形式层出不穷地展现。如诸多"冲浪行"里的景观赏览、"超时空"中的文化体验等，都好似让游习者们以无比超前的观念，体验云栈道上的惊心动魄，并感受到海洋馆里的欢欣无限，恰如漫步于静美的"八大关"人文驿站中和攀登"大美崂山"四时之景里的那种美好情怀和深切感念。

如果稍微作一下延伸，我们会发现又有号称文化体验"全球第一档"的长城研学团，以"户外思维"为引领，借助于北京电视台强大的媒体传播力和众多明星群体的吸引力，将场景"真人秀"和美食文化、科普文化乃至海洋文化等有效融合，既传播了传统文化精髓，又反转了游习者的个性魅力。广而言之的话，在"文化消费"变得越来越商业化的今天，更有遍地开花的"燃文化"将"文化时尚"无限地蔓延，不仅使游习者摒弃了功利取向、冲破了艰难险阻，也以"逆袭"迎战的乐观进取精神，将脚踏实地的干劲儿和步步为营的心劲儿拧成了一股绳，以小见大地点燃了"一飞冲天"的激情，从而让他们在自设空间里获得群体认同感的同时，更加赢得了所有见证者的"百万个赞"。

总之，人类创造的一切优秀文明产物，都可成为文化本身或显性或隐性的实践载体。比如汉语方块字和英文字母等搭建起的外形结构，都为"文化"这一极具内含深意的概念提供了可感可知的真实镜像。我们从中可以窥见久远历史、独特思维方式以及异域风土人情等清晰可循的文化轨迹。对于那些文学作品，比如游记文学和人物传记等，不管以何种形式呈现，它们都基于作者文化内涵积淀的自我意识与善美情致，将作品中深存的文化素养与思想精华借助于其所创造的一个个艺术形象生发于外，并贯通于绝妙的魅力时空和文雅的知识殿堂，成为反观作者内心世界与人间万象的一种有效形式，从而为应用型卓越人才培养积淀了更多的内涵滋养。

而作为文化游习者，对于那些中西交融的"文化大餐"，我们自然不能贪婪地吞噬和僵硬地传承，更不能违心地接受与无知地舍弃，而是要真正将自己置身于信息化技术瞬息万变的时代洪流之中，全身心激活优秀传统文化的精髓，也要有深度和创造性地打磨融会思想与智慧的"聚合体"，着力播撒下"真善美"的种子，使其生根发芽，茁壮成长……

二、在文化游习中创响未来

文化的力量，往往会透过神奇的山水景观、宏伟的古都建筑、壮美的人文遗迹等呈现，或是通过"游习"实践将身临其境的亲历体验、移步换景的视觉乐趣和跌宕起伏的韵律之美逐一展现在人们面前。当游习者放慢了行进的脚步，在文化与风物的自然融会中涂抹出内心"不一样"的色彩，也是在开启另一段愉悦身心和陶冶情操的"梦幻之旅"，不仅将知性与感性铺展成了美丽的图画，也在深厚的人文内涵里放飞了自我心智，舒展了挚美情怀。

"认知是经过处理并内化后的知识及其应用"（顾及，2021）。它以场景体验为"催化剂"，以技能应用为载体，并借力于创客思维模式连接并创造着未来。作为"双创"时代的共性模式，创客思维为"创客们"播撒下创新、创造和创意的种子，且能够助其生根发芽，不断提升他们的认知能力。一个个从创新工作室中走出来的文化游习者，正是凭靠着这种思维模式延展开来的实践动能，不断地实现自我迭代，迎着朝气蓬勃的红日，奔向光明向上的坦途。

随着信息化时代发展的步伐日益加快，用"共商、共建和共享"原则筑梦未来的创新行为和创意实践，也在创客思维模式的携伴统领下，更进一步地开启了全球化的文化"新游习"时代，从而也在更大程度上谋求"绿色共享""内涵建设"和"长效发展"的新思路，以为重构人类文化生态体系和构建人类命运共同体赋能、增效。

从实践来看，文化游习赋予了人们诸多鲜活的生命体验，也因体验式模式而变得更具有生机活力；文化游习激励着人们不断获得真知灼见，也因融合式模式而显现出实践成效；文化游习为有梦想的实践者开辟了协同创新的肥沃土壤，也因深厚的文化内涵而让大家信心百倍地提升综合素养……

于是，我们不禁要问：即便是文化游习者本人，到底有多少会意识到这一切？

或许，"一意孤行"的你，只是躬耕于灯昼交换的变奏区间，而无法真正体会用心垒摞"哲思长城"过程中的所有艰难和畅快之感；或许，"志向远大"的你，只是艳羡于他人用烦恼苦闷和心力交瘁换来的鲜花与香糕，却不能下定决心去"咬定青山不放松"地埋头苦干一番；或许，"心神难定"的你，只是徘徊于如"水中月"和"镜中花"般"有形器具"里的善美山川，而心悸于绞尽脑汁后的那一抹抹淡然云朵和一无所获的受挫之感……

但凡思维者，皆源发于"有形"，生成于"无形"，而最终又呈现于"有形"。科学地讲，思维以人的感知为基础，却又超越了单纯感知的界限，它捕捉的是内在的本质和那些体现共性的规律，在整个认知过程中属于高一级别的层次。具体地讲，思维不仅包括逻辑思维，也包括形象思维、顿悟思维等，它们都是应用型卓越人才培养所需的创客思维不可或缺的有机组成部分。

创客思维需要参与实践活动的主体具备比较、分析、分类、综合、抽象和概括等能力，或整合了归纳、演绎、批判、求异或逆向等诸多技巧与方式，指导着人们的实践活动，其中就包括文化内涵探究和游习体验。但凡对于文化的深度"游习"，都不可能是唾手可得的东西，也不能只是"拾人牙慧"而毫无创见，而是要在亲历体验和渐进认知的过程中逐步显现出内涵深蕴和普世功效来。这就需要游习者非得下一番真功夫不可，因为只有在经历过了"一番风霜苦"之后，游习者才有可能"闻得梅花扑鼻香"。

同样，我们也必须承认，在这个世界上原本就没有"免费的午餐"。真正的文化游习者，从来都不会异想天开的梦想着不劳而获，不会囿于一己成见而丧失探求之心，也不会狂妄无知地去硬闯和蛮干，这是因为他们都有着创客思维模式的暗中导引。这种思维模式，属于一种源于自然本真而又无形无色的导向力量，为应用型卓越人才培养所需要。

深入推进"文化游习"的号角已经吹响。对于立志于远行的人们而言，正是这一次次的文化游习实践，使其拥有了不断突破前人局限的创新意识，历练了自我"开天辟地"的创造能力，并生发出不畏艰难、勇往直前的创客思维。它们虽然都是源于理论认知和实践体验，但"等、靠、要"的思想却要于此止步，而感知、体验和分享的做法也理应得到推崇。实践证明，任何轻视文化游习的做法，都是极其错误的短视行为，因而这种现象在应用型卓越人才培养过程中更应该被摒弃掉。

参考文献

［1］［美］吉姆·柯林斯，比尔·拉齐尔．卓越基因［M］．陈劲，姜志勇，译．北京：中信出版社，2022.

［2］［美］托马斯·C. 默里．真实性学习：如何设计体验式、情境式、主动式的学习课堂［M］．彭相珍，译．北京：中国青年出版社，2022.

［3］曹现强．体验式治理：价值、限度及其优化［J］．人民论坛，2022（3）：68-71.

［4］杜昀．大运河文化精神与高校卓越人才培养关系研究——以长三角高校书院联盟为例［J］．江苏师范大学学报（哲学社会科学版），2022，48（2）：103-112.

［5］葛剑雄．黄河与中华文明［M］．北京：中华书局，2020.

［6］顾及．破圈［M］．北京：北京联合出版公司，2021.

［7］管毓宽，刘文涛，樊丽，刘守江．从理想化到课程化：研学旅行如何再创新高——基于 PBL 模式的研学活动设计［J］．地理教学，2022（3）：50-54.

［8］胡嘉怡．体验式德育活动的实践研究［J］．广东教育（综合版），2021（12）：3.

［9］胡蓉．国际化卓越人才校企合作培养模式的优化策略［J］．就业与

保障，2021（9）：98-99.

[10] 李高申．基于 WSR 系统方法的应用型创新人才培养模式研究 [J]．中国成人教育，2015（8）：129-131.

[11] 李洋洋，陈增照，方静，何秀玲．学习空间融合视域下协作学习模型构建研究 [J]．中国远程教育，2022（3）：42-50+60.

[12] 刘献君，赵彩霞．在融合中生长：应用型卓越人才培养路径探索 [J]．高等教育研究，2022，43（1）：79-85.

[13] 刘雨．试论高校虚拟教研室的内涵、价值与建设 [J]．豫章师范学院学报，2022，37（2）：71-74.

[14] 逄博，陈光．高校应用型卓越人才培养实践教学评价体系构建研究 [J]．科技视界，2022（2）：138-140.

[15] 渠敬东，孙向晨．中国文明与山水世界 [M]．北京：生活·读书·新知三联书店，2022.

[16] 沈欣忆，苑大勇，陈晖．从"混合"走向"融合"：融合式教学的设计与实践 [J]．现代教育技术，2022，32（4）：40-49.

[17] 宋修见．中国文化的生命力 [M]．北京：北京大学出版社，2022.

[18] 孙发有．隐性知识教育融入高校应用型卓越人才培养的价值与路径 [J]．锦州医科大学学报（社会科学版），2022，（2）：81-84.

[19] 王胜本，李鹤飞，刘旭东．构建新时代高质量服务育人体系 [J]．中国高等教育，2021（17）：50-52.

[20] 吴宝锁，田良臣，刘登珲．多学科协同的"新文科"卓越人才培养路径 [J]．高教发展与评估，2022，38（2）：97-104+122.

[21] 吴国玺，刘培蕾，贾晓红．地方高校应用型卓越人才培养：逻辑、困境和实践路径 [J]．成都师范学院学报，2022，38（1）：16-21.

[22] 夏雪梅．项目化学习设计：学习素养视角下的国际与本土实践 [M]．北京：教育科学出版社，2021.

［23］战德臣，聂兰顺，唐德凯，张丽杰．虚拟教研室：协同教研新形态［J］．现代教育技术，2022，32（3）：23-31.

［24］张敏，马远军．区域研学旅行课程体系的建构［J］．教学与管理，2022（12）：67-70.

［25］朱雷．文化自信的思想及其时代价值分析［J］．汉字文化，2022（8）：174-176.

［26］朱沛华，苗金玲，范迎菊，张彦．高校研究生体验式思想政治教育刍议［J］．中国成人教育，2021（24）：3.

后 记

人生恰似一场停不下来的文化旅行，让每一个立志远航的人虽然"行在路上"，却也能够随时地收藏满含"绝佳体验"的心情和那些"登高望远"的志趣。在这份由文化基因积淀而成的"多维度"心境里，不仅有我们欣赏过的风景，也包孕着畅达场景中留存的温度，系着你我内心的美意、诚真，窖藏着挥之不去的"东风暖"和"秋意浓"，宛如一口杯橙汁带来的温润与惬意，总能给人以超凡的见识、无畏的胆气和前行的力量。

"文化游习"为人们开辟了文化认知和素养提升的广阔疆场与信美天地：当在海浪般翻卷的文化熏陶中一次次感受醉人的心跳，当在"登高望远"的激励下一阶阶攀缘而上，人们时而会仰望蔚蓝的晴空，时而会垂首俯瞰脚下的尘沙。然而，就在大家用心思考的时间罅隙里，竟也能够捕获到那一抹抹纯净的色彩，或是有幸拾掇到美丽的贝壳。也正是这些不可多得的"色彩"和绚丽多姿的"贝壳"，为世界塑造出一个个不一样的"你""我""他"。

每一个特立独行的"我"，都有着一张张独具个性的"文化脸谱"，不可避免地会有着一双双"看不惯你"的眼睛。这一双眼睛——有时候会"看不惯"你生气时不掉泪的可爱样子；有时候会"看不惯"你想要改变世界的坚强斗志；有时候也会"看不惯"你脸上的那种自以为是的傲慢神情……纵然是"你"的美丽高雅澄净，"我"的庸俗似土若风，一个个可爱的"我们"也依然会用疗饥止渴的文字，记录下一路行程里的悲欢美丑，赋予自己不断前行的力量，让寓存肺腑已久的欢声笑语从近乎干瘪的躯壳中鲜活地蹦跳出来，义无反顾地奔向喷薄欲出的红日，去沐浴那晨曦洒下的希望之光。这，就是"文化游习"给予人们的迥异心境和多彩梦境。其间，有跨越千山万水的真挚认同，有冷眼旁观过后的热情导引，有摒弃萎靡不振的果敢心力，当然也充满着对美好未来的希冀和昂首向前的动力。

这一丝光明，就是春回燕归留下的高空长鸣，就是盛夏果实包孕的温润暖风，就是静秋若霖沉积的纯然爽净，就是冷峻寒冬托举的心清目明……同时，也处处可见一个个心存温暖、怀抱执着的"游习者"。他们在文化滋养的实践场域中，用一颗颗火热的心和一次次实际行动，刻印着一个个真实的"我"所走过的足迹。

"文化游习"的过程，即游习者将身心全然融入自然环境或基于一定的应用场景学用结合的过程。在真实的体验中，游习者用心欣赏每一颗晨星乍现于眼前的光芒。即便一不小心跌倒了，也要试着超越自我低迷的状态，用"真我"的笔触，去书写更加丰盈的人生；而在落败之后，更要奋力走出困顿的处境，不断积蓄力量，去领略"美丽新世界"……

坦言而论，所有的"美好"与"不美好"，都可以在"文化游习"中领略到。是文化游习，让我们懂得了"谦卑之心"乃飞翔者超越自我的神秘号令，却毫不张扬"王者荣耀"和形壳魅力；是文化游习，让我们懂得了"认知体悟"应贯穿于精益求精的全部过程，却不会摒弃"知行合一"理念的落地施行；也是文化游习，让我们懂得了"创造之力"能够催生出不断前行的实践动能，却又力主积淀文化底蕴"永不落幕"的内涵支撑。在"文化游习"融会的所有体验式认知当中，我们力争让每一个"句点"看不到一丝的豪言壮语，也努力使每一处"停歇"不留下半点的虚情假意。就如同身处春意盎然的煦暖时令，用了心的人，也能够聆听到远方雪花漫天飘舞的声音，或者丢掉一切杂念和负累，让狂放不羁的雨滴落成非同一般的明丽与畅快，只要一颗心还在强劲有力地跳动着，只要那一双双眼睛还清澈得如水晶……

那么，就让我们将这些源自"文化游习"实践的体悟和心得融入应用型卓越人才培养的全过程，让一个个"有趣的灵魂"在真实场景的体验认知中得以"撷英咀华"，也让一颗颗"勇敢的心"尽情徜徉在融合发展的知识海洋里，永不止歇地超越匮乏与单薄的知识储备，坚毅果敢地梳理出更具创造性的见解，去激发更多的人不惮风雨，永攀创新、创造和创意的高峰……

于振邦

于山东青岛

2022 年 12 月